DONALD A. YATES
324 Morrill Hall
Mich. State. Univ
E. Lansing, Mich.

letras mexicanas
46
TIEMPO DESTROZADO

Tiempo destrozado

por
Amparo Dávila

letras mexicanas

FONDO DE CULTURA ECONÓMICA

Primera edición, 1959

Derechos reservados conforme a la ley
© Fondo de Cultura Económica, 1959
Av. de la Universidad, 975 – México 12, D. F.

Impreso y hecho en México
Printed and made in Mexico

A MI PADRE

FRAGMENTO DE UN DIARIO

[*Julio y agosto*]

lunes 7 de julio

Mi vecino el señor Rojas pareció sorprendido al encontrarme sentado en la escalera. Seguramente lo que llamó su atención fue la mirada, notoriamente triste. Me dí cuenta del vivo interés que de pronto le desperté. Siempre me han gustado las escaleras, con su gente que sube arrastrando el aliento, y la que baja como masa informe que cae sordamente. Tal vez por eso, escogí la escalera para ir a sufrir.

jueves 10

Hoy puse gran empeño en terminar pronto mis diarias tareas domésticas: arreglar el departamento, lavar la ropa interior, preparar la comida, limpiar la pipa... Quería disponer de más tiempo para elaborar los programas y escoger los temas para mi ejercicio. Es bastante arduo el aprendizaje del dolor, gradual y sistematizado como una disciplina o como un oficio. Mi vecino estuvo observándome largo rato. Bajo la luz amarillenta del foco, debo parecer transparente y desleído. El diario ejercicio del dolor da la mirada del perro abandonado, y el color de los aparecidos.

sábado 12

De nuevo cayó sobre mí la mirada insistente y surgió la temida pregunta del señor Rojas. Inútil decirle algo. Dejé que siguiera bajando entre la duda. Yo continué con mi ejercicio. Cuando oí pasos que subían, un estremecimiento recorrió mi cuerpo. Los conocía bien. Las manos y las sienes comenzaron a sudarme. El corazón daba tumbos desesperados y la lengua parecía un pedazo de papel. Si hubiera estado en pie me habría desplomado como un títere. Sonrió al pasar... Yo fingí que no la veía. Y seguí con mi práctica.

jueves 17

Estaba justamente en el 7º grado de la escala del dolor, cuando fui interrumpido cruelmente, por mi constante vecino que subía acompañado por una mujer. Pasaron tan cerca de mí que sus ropas me rozaron. Quedé impregnado del perfume de la mujer, mezcla de almizcle y benjuí, viscoso, oscuro, húmedo, salvaje. Llevaba un vestido rojo muy entallado. La miré hasta que se perdieron tras la puerta del departamento. Hablaban y reían al subir la escalera. Reían con los ojos y con las manos. Eran pasión en movimiento. Cerrados en sí mismos ni siquiera me vieron. Y mi dolor tan puro, tan intelectual, quedó interrumpido y contaminado en su limpia esencia por una sorda comezón. Sensaciones pesadas y sombrías descendieron sobre mí. Aquella dolorosa meditación, producto de una larga y difícil disciplina, quedó frustrada y convertida en miserable vehemencia. ¡Malditos! Golpeé con mis lágrimas las huellas de sus pasos.

domingo 20

Fue un verdadero acierto graduar el dolor, darle categoría y límite. Aun cuando hay quienes aseguran que el dolor es interminable y que nunca se agota, yo opino que después del 10° grado de mi escala, sólo queda la memoria de las cosas, doliendo ya no en acción sino en recuerdo. Al principio de mi aprendizaje creí que era oportuno ir en ascenso, en práctica gradual. Bien pronto comprobé que resultaba muy pobre una experiencia así. El conocimiento y perfección del dolor requiere elasticidad, sabio manejo de sus categorías y matices, y caprichoso ensayo de los grados. Pasar sin dificultad del 3° al 8° grado, del 4° al 1°, del 2° al 7° y, después, recorrerlos por riguroso orden ascendente y descendente... Me apena interrumpir esta interesante explicación, pero hay agua bajo mis pies.

lunes 21

A primera hora llegó el dueño del edificio. Yo aún no acababa de secar el departamento. Gritó, manoteó, dijo cosas tremendas. Acostumbrado como estoy a sufrir injusticias, necedades y mal trato, su actitud fue sólo un reflejo de otras muchas. Se necesitaría de un artista auténtico para conmoverme, no de un simple aprendiz de monstruo. No le di la menor importancia. Mientras gritaba, me dediqué a cortarme las uñas con cuidado y sin prisa. Cuando terminé, el hombre lloraba. Tampoco me conmovió. Lloraba como lloran todos cuando tienen que llorar. ¡Si hubiera llorado como yo, cuando llego a aquellas meditaciones del 7º grado de mi método, que dicen...!

sábado 26

Con toda humildad confesaré que soy un virtuoso del dolor. Esta noche, mientras sufría hecho un nudo en la escalera, salieron a mirarme los gatos de mis vecinos. Estaban asombrados de que el hombre tuviera tal capacidad para el dolor. Apenas noté su presencia. Sus ojos eran como teas que se encendían y se apagaban. Debo haber llegado con toda seguridad al 10º grado. Perdí la cuenta, porque el paroxismo del dolor, así como el del placer, envuelve y obnubila los sentidos.

miércoles 30

Estoy tan sombrío, tan flaco y macilento, que a veces cuando algún desconocido sube la escalera, enloquece al verme. Yo estoy satisfecho con el aspecto logrado. Es fiel testimonio de mi arte, de su casi perfección.

domingo 3 de agosto

No sé cómo, ni con qué palabras describir lo que hoy pasó. Aún tiemblo al recordarlo. Fue hace unas horas y no salgo de la sorpresa. El remordimiento que tanto practico ahora cobra novedad y me ha convertido en su presa. Es como si lo hubieran creado justamente cuando yo dominaba la escala completa. Cuando era todo un artista. He caído en un error imperdonable, fuera de oficio, inaudito y funesto. Si una sola vez hubiera dejado de practicar las disciplinas que este arte exige, diría que era la consecuencia lógica, pero he sido observante, fiel...

jueves 7

No sé si podré salir de esta funesta prueba. Hoy trabajé tres horas seguidas (lo cual es agotante y excesivo) en el 6º grado de mi escala, el más indicado para casos como éste. Sufrí como nunca, tanto que los vecinos me recogieron desmayado al pie de la escalera. Aquí, bajo los vendajes, está la sangre coagulada. Las carnes abiertas. Tendré que aumentar o incluir como variedad del 5º grado, éste de las heridas reales. No se me había ocurrido antes, quizá fue una inspiración divina esta caída de la escalera. Un abrir los ojos a nuevas disciplinas.

martes 12

No he podido olvidar. Quizá sea castigo a mi

soberbia, pues empezaba a sentirme seguro, a soñar que manejaba el oficio con maestría. Lo escribí el sábado 26 de julio. ¡Fatal confesión, las palabras traicionan siempre y se vuelven contra uno mismo! ¡Si sólo lo hubiera pensado! He tenido que practicar hasta el agotamiento los grados 6º y 9º, dos horas cada uno. Después tuve que huir precipitadamente a mi departamento, por temor de que aquello volviera a suceder.

viernes 15

¡Otra vez sucedió! Cuando el último sol de la tarde bañaba los peldaños de la escalera. Siento su mano aún entre mis manos que le huían. Su mano tibia y suave. Dijo algo, yo no la oía. Sus palabras eran como bálsamo sobre mis llagas. No quise saber nada. Me estaba prohibido. Pronunciaba mi nombre. Yo no la escuchaba. Mis esfuerzos, mis propósitos y todo mi arte se estrellarían ante su mirada de ciervo, de animal dócil. El arte es sacrificio, renuncia, la vocación es vital, marca de fuego, sombra que se apodera del cuerpo que la proyecta y lo esclaviza y consume... ¡Ni siquiera una vez volví la cabeza para mirarla!

lunes 18

Me arranqué las vendas y la sangre dejó su huella en la alfombra. También sangro interiormente. Recuerdo la tibieza de sus manos. Esas manos que quizás ahora mismo acarician otro rostro. Por primera vez en mucho tiempo no salí a sentarme en la escalera, temía que llegara en cualquier momento. Temía que dispersara mi dolor con su sola presencia.

sábado 23

En la mañana vino el señor Rojas. Pensó que algo me había sucedido al no verme en mi acostumbrado rincón de la escalera. Me trajo unas frutas y un poco de tabaco; sin embargo sospecho que no es sincero en su preocupación. Hay algo secreto y sombrío en su actitud. Quizás intenta comprar mi silencio, yo he visto a las mujeres que mete en su departamento. Quizás quiere...

martes 26

Junto a la puerta cerrada, para sentirme más cerca de la escalera, practiqué el 4º y el 7º grados. Oí sus pasos que se detenían varias veces, del otro lado. Sentí el calor de su cuerpo a través de la puerta. Su perfume penetró hasta mi triste habitación. Desde afuera turbaba mi soledad violentando mis defensas. Comprendí entre sollozos que la amaba.

viernes 29

La amo, sí, y es mi peor enemiga. La que puede terminar con lo que constituye mi razón de ser. La amo desde que sentí su mano entre mis manos. Si yo fuera un individuo común y corriente, como el señor Rojas o como el dueño del edificio, me acostaría con ella y sería el náufrago de su ternura. Pero yo me debo al dolor. Al dolor que ejercito día tras día hasta lograr su perfección. Al dolor de amarla y verla desde lejos, a través de una cerradura. La amo, sí, porque se desliza suavemente por la escalera como una sombra o como un sueño. Porque no exige que la ame y sólo de vez en cuando se asoma a mi soledad.

domingo 31

Si solamente fuera el dolor de renunciar a ella sería terrible, ¡pero magnífico! Esta clase de sufrimiento constituye una rama del 8º grado. Lo ejercitaría diariamente hasta llegar a dominarlo. Pero no es sólo eso, la temo. Son más fuertes que mis propósitos su sonrisa y su voz. Sería tan feliz viéndola ir y venir por mi departamento mientras el sol resbalaba por sus cabellos... ¡Eso sería mi ruina, mi fracaso absoluto! Con ella terminarían mis ilusiones y mi ambición. Si desapareciera... Su dulce recuerdo me roería las entrañas toda la vida... ¡oh inefable tortura, perfección de mi arte...! ¡Sí! Si mañana leyera en los periódicos: "Bella joven muere al caer accidentalmente de una alta escalera..."

EL HUÉSPED

Nunca olvidaré el día en que vino a vivir con nosotros. Mi marido lo trajo al regreso de un viaje.

Llevábamos entonces cerca de tres años de matrimonio, teníamos dos niños y yo no era feliz. Representaba para mi marido algo así como un mueble, que se acostumbra uno a ver en determinado sitio, pero que no causa la menor impresión. Vivíamos en un pueblo pequeño, incomunicado y distante de la ciudad. Un pueblo casi muerto o a punto de desaparecer.

No pude reprimir un grito de horror, cuando lo vi por primera vez. Era lúgubre, siniestro. Con grandes ojos amarillentos, casi redondos y sin parpadeo, que parecían penetrar a través de las cosas y de las personas.

Mi vida desdichada se convirtió en un infierno. La misma noche de su llegada supliqué a mi marido que no me condenara a la tortura de su compañía. No podía resistirlo; me inspiraba desconfianza y horror. "Es completamente inofensivo" —dijo mi marido mirándome con marcada indiferencia. "Te acostumbrarás a su compañía y, si no lo consigues..." No hubo manera de convencerlo de que se lo llevara. Se quedó en nuestra casa.

No fui la única en sufrir con su presencia.

Todos los de la casa —mis niños, la mujer que me ayudaba en los quehaceres, su hijito— sentíamos pavor de él. Sólo mi marido gozaba teniéndolo allí.

Desde el primer día mi marido le asignó el cuarto de la esquina. Era ésta una pieza grande, pero húmeda y oscura. Por esos inconvenientes yo nunca la ocupaba. Sin embargo él pareció sentirse contento con la habitación. Como era bastante oscura, se acomodaba a sus necesidades. Dormía hasta el oscurecer y nunca supe a qué hora se acostaba.

Perdí la poca paz de que gozaba en la casona. Durante el día, todo marchaba con aparente normalidad. Yo me levantaba siempre muy temprano, vestía a los niños que ya estaban despiertos, les daba el desayuno y los entretenía mientras Guadalupe arreglaba la casa y salía a comprar el mandado.

La casa era muy grande, con un jardín en el centro y los cuartos distribuidos a su alrededor. Entre las piezas y el jardín había corredores que protegían las habitaciones del rigor de las lluvias y del viento que eran frecuentes. Tener arreglada una casa tan grande y cuidado el jardín, mi diaria ocupación de la mañana, era tarea dura. Pero yo amaba mi jardín. Los corredores estaban cubiertos por enredaderas que floreaban casi todo el año. Recuerdo cuánto me gustaba, por las tardes, sentarme en uno de aquellos corredores a coser la ropa de los niños, entre el perfume de las madreselvas y de las bugambilias.

En el jardín cultivaba crisantemos, pensamientos, violetas de los Alpes, begonias y heliotropos. Mientras yo regaba las plantas, los niños se entretenían buscando gusanos entre las hojas. A veces pasaban horas, callados y muy atentos, tratando de coger las gotas de agua que se escapaban de la vieja manguera.

Yo no podía dejar de mirar, de vez en cuando, hacia el cuarto de la esquina. Aunque pasaba todo el día durmiendo no podía confiarme. Hubo veces que, cuando estaba preparando la comida, veía de pronto su sombra proyectándose sobre la estufa de leña. Lo sentía detrás de mí... yo arrojaba al suelo lo que tenía en las manos y salía de la cocina corriendo y gritando como una loca. Él volvía nuevamente a su cuarto, como si nada hubiera pasado.

Creo que ignoraba por completo a Guadalupe, nunca se acercaba a ella ni la perseguía. No así a los niños y a mí. A ellos los odiaba y a mí me acechaba siempre.

Cuando salía de su cuarto comenzaba la más terrible pesadilla que alguien pueda vivir. Se situaba siempre en un pequeño cenador, enfrente de la puerta de mi cuarto. Yo no salía más. Algunas veces, pensando que aún dormía, yo iba hacia la cocina por la merienda de los niños, de pronto lo descubría en algún oscuro rincón del corredor, bajo las enredaderas. "¡Allí está ya, Guadalupe!", gritaba desesperada.

Guadalupe y yo nunca lo nombrábamos, nos parecía que al hacerlo cobraba realidad aquel ser tenebroso. Siempre decíamos: —allí está, ya salió, está durmiendo, él, él él...

Solamente hacía dos comidas, una cuando se levantaba al anochecer y otra, tal vez, en la madrugada antes de acostarse. Guadalupe era la encargada de llevarle la bandeja, puedo asegurar que la arrojaba dentro del cuarto pues la pobre mujer sufría el mismo terror que yo. Toda su alimentación se reducía a carne, no probaba nada más.

Cuando los niños se dormían, Guadalupe me llevaba la cena al cuarto. Yo no podía dejarlos solos, sabiendo que se había levantado o estaba por hacerlo. Una vez terminadas sus tareas, Guadalupe se iba con su pequeño a dormir y yo me quedaba sola, contemplando el sueño de mis hijos. Como la puerta de mi cuarto quedaba siempre abierta, no me atrevía a acostarme, temiendo que en cualquier momento pudiera entrar y atacarnos. Y no era posible cerrarla; mi marido llegaba siempre tarde y al no encontrarla abierta habría pensado... Y llegaba bien tarde. Que tenía mucho trabajo, dijo alguna vez. Pienso que otras cosas también lo entretenían...

Una noche estuve despierta hasta cerca de las dos de la mañana, oyéndolo afuera... Cuando desperté, lo vi junto a mi cama, mirándome con su mirada fija, penetrante... Salté de la cama y le arrojé la lámpara de gasolina que dejaba encendida toda la noche. No había luz eléctrica en aquel pueblo y no hubiera soportado quedarme a oscuras, sabiendo que en cualquier momento... Él se libró del golpe y salió de la pieza. La lámpara se estrelló en el piso de ladrillo y la gasolina se inflamó rápidamente. De no haber sido por Guadalupe que acudió a mis gritos, habría ardido toda la casa.

Mi marido no tenía tiempo para escucharme ni le importaba lo que sucediera en la casa. Sólo hablábamos lo indispensable. Entre nosotros, desde hacía tiempo el afecto y las palabras se habían agotado.

Vuelvo a sentirme enferma cuando recuerdo... Guadalupe había salido a la compra y dejó al pequeño Martín dormido en un cajón donde lo acostaba durante el día. Fui a verlo varias veces, dormía tranquilo. Era cerca del mediodía. Estaba peinando a mis niños cuando oí el llanto del pequeño mezclado con extraños gritos. Cuando llegué al cuarto lo encontré golpeando cruelmente al niño. Aún no sabría explicar cómo le quité al pequeño y cómo me lancé contra él con una tranca que encontré a la mano, y lo ataqué con toda la furia contenida por tanto tiempo. No sé si llegué a causarle mucho daño, pues caí sin sentido. Cuando Guadalupe volvió del mandado, me encontró desmayada y a su pequeño lleno de golpes y de araños que sangraban. El dolor y el coraje que sintió fueron terribles. Afortunadamente el niño no murió y se recuperó pronto.

Temí que Guadalupe se fuera y me dejara sola. Si no lo hizo, fue porque era una mujer noble y valiente que sentía gran afecto por los niños y por mí. Pero ese día nació en ella un odio que clamaba venganza.

Cuando conté lo que había pasado a mi marido, le exigí que se lo llevara, alegando que podía matar a nuestros niños como trató de hacerlo con el pequeño Martín. "Cada día estás más histérica, es realmente doloroso y deprimente contemplarte así... te he explicado mil veces que es un ser inofensivo."

Pensé entonces en huir de aquella casa, de mi marido, de él... Pero no tenía dinero y los medios de comunicación eran difíciles. Sin amigos ni parientes a quienes recurrir, me sentía tan sola como un huérfano.

Mis niños estaban atemorizados, ya no querían jugar en el jardín y no se separaban de mi lado. Cuando Guadalupe salía al mercado, me encerraba con ellos en mi cuarto.

—Esta situación no puede continuar, —le dije un día a Guadalupe.

—Tendremos que hacer algo y pronto —me contestó.

—¿Pero qué podemos hacer las dos solas?

—Solas, es verdad, pero con un odio...

Sus ojos tenían un brillo extraño. Sentí miedo y alegría.

La oportunidad llegó cuando menos la esperábamos. Mi marido partió para la ciudad a arreglar unos negocios. Tardaría en regresar, según me dijo, unos veinte días.

No se si él se enteró de que mi marido se había marchado, pero ese día despertó antes de lo acostumbrado y se situó frente a mi cuarto. Guadalupe y su niño durmieron en mi cuarto y por primera vez pude cerrar la puerta.

Guadalupe y yo pasamos casi toda la noche haciendo planes. Los niños dormían tranquilamente. De cuando en cuando oíamos que llegaba hasta la puerta del cuarto y la golpeaba con furia...

Al día siguiente dimos de desayunar a los tres niños y, para estar tranquilas y que no nos estorbaran en nuestros planes, los encerramos en mi cuarto. Guadalupe y yo teníamos muchas cosas por hacer y tanta prisa en realizarlas que no podíamos perder tiempo ni en comer.

Guadalupe cortó varias tablas, grandes y resistentes, mientras yo buscaba martillo y clavos. Cuando todo estuvo listo, llegamos sin hacer ruido hasta el cuarto de la esquina. Las hojas de la puerta estaban entornadas. Conteniendo la respiración, bajamos los pasadores, después cerramos la puerta con llave y comenzamos a clavar las tablas hasta clausurarla totalmente. Mientras trabajábamos, gruesas gotas de sudor nos corrían por la frente. No hizo entonces ruido, parecía que estaba durmiendo profundamente. Cuando todo estuvo terminado, Guadalupe y yo nos abrazamos llorando.

Los días que siguieron fueron espantosos. Vivió muchos días sin aire, sin luz, sin alimento... Al principio golpeaba la puerta, tirándose contra

23

ella, gritaba desesperado, arañaba... Ni Guadalupe ni yo podíamos comer ni dormir, ¡eran terribles los gritos...! A veces pensábamos que mi marido regresaría antes de que hubiera muerto. ¡Si lo encontrara así...! Su resistencia fue mucha, creo que vivió cerca de dos semanas...

Un día ya no se oyó ningún ruido. Ni un lamento... Sin embargo, esperamos dos días más, antes de abrir el cuarto.

Cuando mi marido regresó, lo recibimos con la noticia de su muerte repentina y desconcertante.

UN BOLETO PARA CUALQUIER PARTE

Dejó a los amigos que insistían en que se quedara con ellos y salió del club.

No podía más, las piernas se le estaban entumeciendo. Casi tres horas sentado. La sinfonola tan fuerte, demasiado humo. Lo que querían era desquitarse. Por eso insistían en que se quedara. No podían soportar que él ganara alguna vez. Y no creyeron cuando les dijo que tenía trabajo en su casa. Marcos se había puesto serio. "Los amigos esclavizan, hijo." Tenía razón su madre, ya no disponía de libertad ni para irse a su casa cuando quisiera. Necesitaba estar solo, pensar. Los días pasaban y no había hablado con su jefe... Al doblar una esquina divisó la ventana de Carmela. Estaba abierta, pero ella estaría aún en la tienda bordando pañuelos. Sólo había aceptado cuatro invitaciones a cenar. Después se alejó de ellas. La madre lo incomodaba. Todo era falso en ella: aquella sonrisa mostrando apenas los dientes, la tierna mirada, la voz. La sentía en acecho siempre, pronta para agarrar. Lo observaba detenidamente de arriba a abajo. Había largos silencios. Tenía que elogiar los platillos que habían preparado especialmente para él. A hurtadillas miraba a Carmela y recorría apresuradamente su cuerpo, después desviaba la mirada para que la madre no lo notara. Había flores sobre el piano, coñac y cremas para después de la cena. No podía quejarse, lo habían atendido demasiado bien. Y les debían de haber salido muy caras aquellas cenas. ¿En quién pensaría ahora Carmela? ¿A quién le prepararía suculentas cenas? ¿Quién vería asomarse sus muslos cuando cruzaba, descuidada, las piernas? Carmela tocaba el piano después de la cena. La madre se tumbaba en un cómodo sillón y comía bombón tras bombón mientras los suspiros levantaban su exuberante pecho. Él escuchaba aquellas piezas tocadas con cierta timidez y una suave ternura lo iba invadiendo... Tenía que hablar con su jefe cuanto antes. Pedirle el aumento de sueldo con decisión. Se pondría el traje de franela gris y la corbata azul marino con rayas rojas. Había que estar bien vestido cuando se solicitaba algo. Pero si el señor A le dijera: "Me extraña que solicite usted un aumento, no parece necesitarlo..." "Es que tengo que casarme", agregaría inmediatamente. Así no estaba bien. Su jefe le diría: "¿Cómo es eso de que tiene que casarse?..." Y él no podría soportar aquel tono burlón y mal intencionado. Tenía que ensayar, estudiar lo que iba a decirle palabra por palabra... Irene le preguntaba todos los días si ya había hablado con su jefe. Si supiera que no se atrevía, que todos los días lo intentaba y que no sabía qué decir ni cómo empezar. Se pasaría la noche pensando hasta encontrar la manera de hacerlo. Irene aseguraba que no le importaba esperar un poco; pero que en su casa opinaban de otra manera. "Te está haciendo perder el tiempo y al final no se casará contigo." Empezaba a cansarlo aquella urgencia. Había veces en que ya no tenía ganas de ver a Irene. Aquella diaria pregunta empezaba a serle insoportable. ¡Si Carmela fuera sola...!

Cuando llegó a su casa, la sirvienta le avisó que un señor había estado a buscarlo varias veces.
—¿Cómo se llama?
—No quiso dar su nombre cuando le pregunté.
—¿No es alguno de mis amigos?
—No, yo los conozco bien. Éste es un señor muy serio, alto y flaco, vestido de oscuro...
Subió la escalera pensando quién podría ser la persona que había ido a buscarlo. Entró en su cuarto y se sentó en la cama pensativo. Encendió un cigarrillo. Sólo los amigos lo buscaban en su casa. Para cualquier otro asunto lo veían en la oficina. Imaginó un hombre flaco y alto, como lo había descrito la criada, vestido de oscuro, serio, sombrío... Empezaría deciendo: "Le suplico, señor X, que tenga usted resignación y valor. Su madre se encuentra moribunda y no hay manera de salvarla..." Apagó el cigarrillo. ¿Por qué pensaba en cosas tan desagradables? Hacía pocos días le mandaron decir que su madre se encontraba bastante bien, que se alimentaba y dormía lo suficiente... El hombre vestido de oscuro lo saludaría seriamente, después con voz grave le diría: "La misión que me ha sido encomen-

dada es de lo más dolorosa, su señora madre ha muerto repentinamente. Sírvase aceptar el testimonio de mis sinceras condolencias..." Tendría que partir inmediatamente. Esa misma noche, en el último tren. Acompañado por el sombrío emisario. Llegarían en la madrugada. Muerto él de frío, de sueño, de dolor. La encontraría en el depósito de cadáveres sobre una fría plancha de mármol, o tal vez ya en el ataúd entre cuatro cirios. Antes de morir ella lo habría llamado, sin duda, y él a esa hora tal vez estaba jugando con sus amigos o pensando en las piernas de Carmela. ¡Qué dolor verla amortajada! No podría soportarlo. No abriría la caja, se quedaría sin verla por última vez. Pasaría varias horas solo con su muerta. Alguien le daría una taza de café aguado y desabrido. Al día siguiente la enterrarían en algún pueblo cercano al sanatorio... Pero su madre era una mujer bastante fuerte y sana, no obstante su mal, además no era vieja, podría vivir unos quince o veinte años más... El hombre de oscuro se quitaría el sombrero... "¿Es usted el señor X?" le preguntaría ceremonioso. "Vengo a notificarle que ayer se escaparon de nuestro sanatorio varias pacientes, entre ellas la señora madre de usted, y no hemos podido localizarlas..." ¡Qué podría hacer él para encontrarla! Daría parte a la policía. Pondría avisos por la radio, en los periódicos. ¡Su pobre madre perdida! Vagando día y noche de un lado a otro, sin comer, sin abrigo. Le podría dar pulmonía y morirse, y él no sabría ni siquiera dónde buscar su cadáver. Sola, en la noche, muerta de frío y de hambre... Lo llamaba, lo llamaba... La veía caminando por una carretera, cruzarse y... ¡Qué muerte más terrible!... Encendió un cigarrillo y suspiró. La había llevado, con gran dolor, a un sanatorio donde estuviera atendida y vigilada. No podía cuidarla lo suficiente, teniendo que trabajar, y las criadas... Un hombre alto, flaco, muy serio, vestido de oscuro, sólo podría llevar una mala noticia... A lo mejor era un emisario que enviaban los padres de Irene para hacerle saber que ya estaban cansados de esperar que pidiera el aumento de sueldo y se casara. Podía ser alguien de la familia o alguna persona muy íntima de ellos... Tal vez no le permitirían ver más a Irene. Sería posible. Los conocía bastante bien. Eran capaces de todo. Y él entonces quedaría en ridículo. Le contarían a todo el mundo: "Le mandamos un emisario al pobre X, no volverá a poner los pies en esta casa." ¡Desdichados! A lo mejor se llevaban a Irene fuera de allí. No volverían a verse nunca, o tal vez, cuando ya ella estuviera gorda, llena de niños y de aburrimiento. Pero ella, ¿sería capaz de no hacer nada, y dejar que la manejaran como si fuera un títere? Tanto amor y tantas caricias, todo mentira. Los veía riéndose de él. Llenos de hipocresía dirían a sus amistades: "Después de todo, nos da lástima X, ¡el pobre muchacho!" No les concedería ese gusto. Excitado, herido en lo más profundo, caminaba de un lado a otro del cuarto con pasos rápidos. Apagaba un cigarrillo, encendía otro... De pronto recordó que al salir de la oficina el gerente lo había mirado de una manera muy extraña. "Mañana revisaremos su corte de caja", le había dicho mirándolo de arriba abajo. A lo mejor sospechaba que sus cuentas no estaban correctas o que él estaba robando... "Tengo una orden de arresto contra usted, señor X, por desfalco..." ¡Eso era el hombre!, un detective, un agente de la policía secreta que lo iba a arrestar. Pero a él nunca le había faltado ni un solo centavo. No podía ser. El hombre de oscuro lo miraría fijamente... "Señor X, la compañía le concede doce horas para reponer el dinero que le falta, de lo contrario..." ¿Y de dónde iba él a sacar ese dinero? Lo meterían en la cárcel por robo. Saldría su caso en los periódicos. ¿Qué sería de su madre entonces? La echarían del sanatorio, o tal vez la llevaran a un centro de salud, uno de esos en los que no se paga nada y donde tratan a los enfermos como si fueran animales... Se imaginaba la cara que iban a poner Irene y sus padres cuando leyeran la noticia en el periódico. Perderían un candidato, tal vez el único. "Te decíamos que era un mal tipo..." Pasaría los mejores años de su vida en una celda miserable, húmeda y maloliente. Allí envejecería. Olvidado de todos, no habría nadie que se preocupara por su destino. Nadie que le llevara cigarrillos y un poco de compañía. Sin aire, sin sol, sin luz, terminaría tuberculoso... Se sentó en el borde de la cama y hundió la cabeza entre las manos, sollozando...

—Aquí está otra vez el señor que ha venido a buscarlo— dijo la sirvienta.

¿—Qué? ¿Que aquí está? —preguntaba fuera de sí, lívido, desencajado—. Dile cualquier cosa, lo primero que se te ocurra, no puedo recibirlo.

No tenía valor para soportar el golpe y el dolor de una noticia. Porque una noticia es como un puñal que...

—El señor está en la sala esperándolo; yo no sabía que usted no quería verlo, como dio tantas vueltas, yo pensé...

—Bueno, dile que haga el favor de esperar, bajaré luego.

Allí se quedaría esperando hasta el último día del mundo. Él iría lejos. Donde no pudiera encontrarlo y decirle nada. Se iría rápido, sin hacer ruido, sin equipaje. Sólo cogió el dinero que tenía guardado en un cajón de la cómoda, la gabardina y el sombrero. Abrió una ventana; resultaba fácil, no estaba muy alto. Se descolgó suavemente, para no hacer ruido. En la esquina tomó un taxi y ordenó al chofer que lo llevara a la estación del ferrocarril sin perder tiempo. El hombre no lo alcanzaría nunca. Aunque fuera por todo el mundo, de ciudad en ciudad, de pueblo en pueblo, buscándolo. Jamás le daría su mensaje. Quería hacerle daño, destrozarlo con una noticia terrible, pero él había sospechado al instante y se había escapado... Allí estaría en la sala sentado, muy tieso y muy sombrío, esperando a que bajara, esperando, esperando... cuando se diera cuenta temblaría de rabia, se pondría verde... sería tarde para darle alcance... no sabría nunca la fatal noticia, viviría tranquilo, feliz... ¡había tenido tanta suerte en poder salvarse!... escapándose por una ventana... se había salvado, salvado...

El empleado que despachaba los boletos del ferrocarril creyó no haber entendido, cuando X pidió que le diera un boleto de ida para cualquier parte.

LA QUINTA DE LAS CELOSÍAS

Había anochecido y Gabriel Valle estaba listo para salir. Solía ponerse la primera corbata que encontraba sin preocuparse de que armonizara con el traje; pero esa tarde se había esforzado por estar bien vestido. Se miró al espejo para hacerse el nudo de la corbata, se vio flaco, algo encorvado, descolorido, con gruesos lentes de miope, pero tenía puesto un traje limpio y planchado y quedó satisfecho con su aspecto. Antes de salir leyó una vez más la esquela y se la guardó en el bolsillo del saco. En la escalera se encontró con varios compañeros. Todos comentaron su elegancia; recibió las bromas sin molestarse y se detuvo en la puerta para preguntar a la portera cómo iba su reuma.

—Está usted muy contento, joven —dijo la vieja, que estaba acostumbrada a que pasaran frente a ella y ni siquiera la vieran. En la mañana, cuando le llevó la carta, lo encontró tumbado sobre la cama, sin hablar, fumando y viendo el techo. Ella la había dejado sobre el buró y se había salido. Así eran esos muchachos, de un humor muy cambiante.

Gabriel Valle caminaba por las calles con pasos largos y seguros, se sentía ligero y contento. Quedaban aún restos de nubes coloreadas en el cielo. No había mucha gente. Los domingos las calles se encuentran casi solas. A él le había gustado siempre caminar por la ciudad al atardecer, o a la medianoche; caminaba hasta cansarse, después se metía en algún bar y se emborrachaba suavemente; entonces recordaba a Eliot... "vayamos pues, tú y yo, cuando la tarde se haya tendido contra el cielo como un paciente eterizado sobre una mesa; vayamos a través de ciertas calles semidesiertas... (a veces nadie lo oía, pero a él no le importaba) la niebla amarilla que frota su hocico sobre las vidrieras lamió los rincones del atardecer... (otras veces venían los músicos negros y se sentaban a escucharlo, sin lograr entender nada, o improvisaban alguna música de fondo para acompañarlo) ¡y la tarde, la noche, duerme tan apacible! alisada por largos dedos, dormida, fatigada... (el cantinero le obsequiaba copas) ¡no! no soy el príncipe Hamlet ni nací para serlo; soy un señor cortesano, uno que servirá para llenar una pausa, iniciar una escena o dos... ("¿Quién es ese tipo que recita tantos versos?" preguntaban a veces los parroquianos), nos hemos quedado en las cámaras del mar al lado de muchachas marinas coronadas de algas marinas rojas y cafés hasta que nos despiertan voces humanas y nos ahogamos..." entonces se iba con la luz del día muy blanca y muy hiriente a ahogarse en el sueño.

Unas chicas que andaban en bicicleta por poco lo atropellaron, pero aquel incidente no le provocó el menor disgusto. Era tan feliz que no podía enojarse por la torpeza de unas muchachas. Se sentía generoso, comprensivo, comunicativo también. Le hubiera gustado saludar cortésmente a todos los que encontraba a su paso, aun sin conocerlos: "¡Buenas tardes, o buenas noches, señora!", "¡Adiós señor, que la pase bien!" "Permítame que le ayude a llevar la canasta", hubiera querido decirle a una pobre vieja que llevaba un canastón de pan sobre la cabeza. Llegó a la esquina donde tenía que esperar el tranvía, empezaron a caer gotas de lluvia. Se levantó el cuello del saco y se refugió bajo el toldo de una tienda de abarrotes... ¡Qué mal se había sentido aquella vez que acompañó a Jana hasta su casa, después de insistirle mucho que se lo permitiera; ella siempre se negaba, aquella vez accedió con desgano. Lloviznaba cuando llegaron a la quinta, pensó que lo invitaría a entrar mientras la lluvia pasaba, "será mejor que te vayas rápido, para que no te mojes" había dicho Jana mientras abría la reja y se alejaba hacia la casa sin volverse. Pensó tantas cosas en aquel momento. Nunca se había sentido tan humillado. Se quedó un rato contemplando la quinta, después se alejó caminando lentamente bajo la lluvia. Por el camino se tranquilizó y llegó a la conclusión de que todo había sido una mala interpretación de su parte. Jana no era capaz de ofender a nadie, mucho menos a él; tal vez le había parecido inconveniente invitarlo a pasar a esa hora, por vivir sola... El tranvía llegó y Gabriel Valle lo abordó de varias zancadas para no mojarse. Se acomodó al lado de una muchacha muy pálida y muy flaca, que apretaba nerviosamente entre las manos, unos guantes sucios ("esta mujer está muy angustiada") y sintió entonces un gran deseo de poder trasmitir a los demás siquiera un poco de aquella felicidad que ahora tenía. La muchacha flaca revolvía dentro del bolso buscando algo...

—Parece que ya no llueve —dijo él para iniciar una conversación.

—Pero lloverá más tarde —repuso ella en tono amargo—; no es ya suficiente que sea domingo, sino que llueva... Lo miró entonces con una mirada fría, totalmente deshabitada; él sintió que se había asomado al vacío.

—¿Le entristecen los domingos?

—Los domingos y todos los días, pero... —se puso a mirar por la ventanilla mientras sus manos seguían estrujando los viejos guantes. De pronto continuó:

—Los domingos son tan largos, uno tiene tantas cosas que hacer y sin embargo no se quiere hacer nada, da una pereza horrible tener que lavar y planchar la ropa para la semana... después se acaba el domingo y uno se acuesta sin poder recordar nada, sino que pasó un domingo más, igual que todos los otros...

¡Pobre muchacha! Lo que le pasaba era que debía sentirse muy sola, no había de tener quien la quisiera, y era bien fea; sería difícil que encontrara marido o novio así de flaca y desgarbada; el pelo seco y mal acomodado, los ojos inexpresivos, los labios contraídos, la pintura corrida, y tan mal vestida, tan amarga... Recordó entonces a Jana y la satisfacción asomó a su rostro.

—...y la lluvia —seguía diciendo la muchacha flaca— siempre la lluvia a toda hora, todos los días... ¿o es que a usted le gusta la lluvia?

—Muchas veces me molesta, claro está, sobre todo cuando hay que salir, pero es tan agradable oírla de noche, cuando ya no hay más ruido que el de ella misma, cayendo lenta, continuadamente, fuera y dentro del sueño...

La muchacha lo interrumpió —"Me quedo en la próxima parada, que le vaya bien"— y ella se fue toda flaca y toda amarga hasta la puerta de salida.

Se corrió entonces al asiento de la ventanilla. Le gustaría hacer un largo viaje, en tren, con Jana; ver pasar distintos paisajes, no tener que preocuparse por nada, conocer juntos muchas cosas, ciudades, gentes, tener dinero para gastar, y gastarlo sin pensar; sería bueno poder hacer el equipaje y partir, ahora mismo, mañana... Subió una pareja de jóvenes, la muchacha se sentó al lado de Gabriel y él se quedó de pie junto a ella; se veían muy contentos, platicaban en voz baja, cogidos de la mano, reían... Los miraba con gusto ("también son felices"); le hubiera gustado tener esa confianza con Jana, esa sencilla intimidad, pero era tan tímida, tan delicada, no se atrevía ni siquiera a tomarle una mano por temor a molestarla, ¡cuánto trabajo le había costado comenzar a salir con ella!

—Siempre me ha parecido una muchacha hosca, huraña y hasta agresiva; tal vez se siente muy superior a todos nosotros —le dijo un día Miguel.

—Estás muy equivocado, lo que sucede es que Jana es muy tímida, pero yo la entiendo bien, además ha sufrido mucho, la forma como murieron sus padres fue terrible...

—No discuto eso, claro que fue una verdadera tragedia, pero...

—El dolor hace que las gentes se encierren en sí mismas y se muestren aparentemente hoscas; pero es sólo un mecanismo de defensa, una barrera inconsciente para protegerse de cualquier cosa que les pueda hacer daño nuevamente...

—Puede ser... pero también puede ser cosa propia de su temperamento alemán —dijo Miguel. No cabía duda de que a Miguel no le simpatizaba Jana, y no era de extrañar. Miguel tenía cierta torpeza interior que no le permitía penetrar en los demás, él entendería de futbol, de *rock and roll,* de tonterías, ¡qué superficial era!

—Y siempre huele a formol y a balsoformo...

Gabriel se había ido sin contestarle, ¡qué estúpido podía ser cuando se lo proponía! Si bien era cierto que al principio a él también le resultaba muy desagradable aquel olor que despedía Jana, parecía que estaba impregnada totalmente de él, y así tenía que ser, pues manejaba todos los días aquellas sustancias. Pronto se había acostumbrado y no le molestaba más. Cuando se casaran no le permitiría que siguiera en el anfiteatro ¡y vaya que le iba a costar mucho disuadirla! Porque tomaba demasiado en serio aquel trabajo; le parecía sumamente interesante y estaba convencida de que llegaría a ser una magnífica embalsamadora; había estudiado los procedimientos de que se valían los egipcios para conservar sus muertos; conocía muchos métodos diversos y tenía fórmulas propias que estaba perfeccionando y que pensaba poner en práctica muy pronto; además estaba escribiendo un libro..., esto le había dicho aquella tarde en que él se había arriesgado a tocar el tema. ¡Sí que iba a resultar difícil! El Dr. Hoffman también protestaría; él la había llevado a trabajar al hospital y era su colaboradora. ¡Y qué mal genio tenía el viejo! Cuando algo le salía mal se restregaba las manos, escupía, se rascaba el mentón, mascaba algo imaginario... ¡pero qué extraordinario cirujano era! Aquella trepanación parietal que... Gabriel se dio cuenta que ya era su parada y apresuradamente se levantó.

Había dejado de llover; olía a tierra húmeda y a hierba mojada. Estaba fresco pero no hacía frío. Resultaba agradable caminar por aquella larga avenida de cipreses que conducía a la quinta. Miró el reloj, faltaban veinte minutos para las ocho. Llegaría a tiempo. La esquela decía que lo esperaba a las ocho. Se debía de vivir muy tranquilo por allí; sin ningún ruido, con tanto aire puro, pero estaba muy retirado y muy solo. No le gustaba que Jana hiciera ese recorrido por las noches. Resultaba peligroso para cualquiera;

había pocas casas y poca gente; si uno gritaba, ni quién lo oyera. En los periódicos siempre aparecían noticias de asaltos y de... No le haría ningún reproche a Jana por aquel silencio, ¡pobrecita! también ella debía haber sufrido. Más de un mes había pasado sin tener noticias. Le parecía inexplicable aquella actitud de Jana. Recordó aquellas noches que fue hasta la quinta tratando inútilmente de verla, o aquellas largas esperas en la puerta del anfiteatro... Sus dedos palparon el sobre y sintió un gran alivio; con esto había terminado la angustia. Lo mejor sería casarse pronto; una ceremonia sencilla, sin invitados; les avisaría a sus padres cuando ya estuvieran casados, así no podrían oponerse; los conocía bien, su madre era capaz de enfermar, de ponerse grave, tal vez hasta de morirse. ¿Pensaría Jana que vivieran en la quinta? No sabría qué decidir. No se atrevía a llevarla a la pensión: un cuarto solamente, una cama estrecha y dura, el baño compartido con veinte estudiantes, y la comida tan mala, que se quedaría siempre sin comer. Tendría que hacer a un lado su orgullo y venirse a la quinta. Por lo menos podría estudiar tranquilo, sin ruido de tranvías, sin gente molesta, solo él con Jana...

Cuando llegó la quinta se hallaba como de costumbre a oscuras; las celosías no permitían que la luz del interior se filtrara. La reja estaba sin candado, Gabriel llegó a través del jardín hasta la puerta de la casa y tocó el timbre. Oyó el sonido de una campanilla, volvió a tocar. Por fin abrieron. Allí estaba Jana, con un vestido de seda gris, casi blanco, pegado al cuerpo; el pelo rubio suelto cayendo suavemente sobre los hombros. Lo saludó como si lo hubiera visto visto el día anterior. Muy desconcertado la siguió a través de un oscuro pasillo hasta el salón profusamente iluminado. Era una sala con muebles imperio, con muchos cuadros, la mayoría retratos, tibores, lámparas, gobelinos, bibelots, un piano alemán de media cola, estatuillas de mármol, una gran araña colgando en el centro del salón...

—Éstos son los retratos de mis padres —dijo de pronto Jana mostrándole dos retratos colocados sobre la chimenea.

—Muy bien parecidos —repuso cortésmente Gabriel.

—Sí, eran realmente hermosos... los retratos por otra parte son bastante buenos. Los hizo un pintor austriaco desterrado, a quien mi padre protegía. Me encanta el color y la pureza del tratamiento: observa la frescura de la tez, la humedad de los labios, parece como si estuvieran...

El sonido de unos pasos en el corredor interrumpió a Jana, se volvió y miró hacia la entrada; también Gabriel pensó que alguien iba a aparecer.

—Mira qué bello piano —dijo Jana, a tiempo que lo abría y acariciaba las teclas— mamá tocaba maravillosamente.

—¿Tú también tocas? —preguntó Gabriel interrumpiéndola.

—Me gustaba oírla tocar —continuó ella como si no hubiera oído la pregunta de Gabriel—; por las noches interpretaba a Mozart, a Brahms, mi padre leía los periódicos, yo la escuchaba embelesada... sus manos eran finas, los dedos largos, ágiles, tocaba dulcemente, casi con sordina, nos decía tantas cosas cuando tocaba... Otra vez los pasos llegaron hasta la puerta, Gabriel se quedó esperando... nadie entró. Jana subió una ceja como solía hacerlo cuando algo le desagradaba y cerró el piano bruscamente. Le ofreció un cigarrillo a Gabriel y lo invitó a sentarse. Ella se acomodó en una butaca grande, tapizada con terciopelo verde oscuro, distinta de los demás muebles. Gabriel se encontraba muy incómodo en aquella elegante sala tan llena de cosas valiosas, tan cargada de recuerdos. Quería hablar con Jana, había estudiado el diálogo palabra por palabra y ahora no sabía cómo empezar. Se encontraba torpe, molesto, y comenzaba a sentirse nervioso. Le hubiera gustado que estuvieran en algún café, o en el parque, en cualquier sitio menos allí... Se acomodó en una silla cerca de ella.

—Pasaron tantos días sin saber de ti —dijo tratando de iniciar su conversación.

—Aquí se sentaba siempre papá, a veces se quedaba dormido, ¡me enternecía tanto!, vivía cansado, trabajaba mucho, para que nada nos faltara a mamá y a mí, decía siempre cuando le reprochábamos, ¡pobre papá!... a veces jugaba ajedrez con el Dr. Hoffman, los domingos en la tarde; mamá servía el té y las pastas, después cogía su bordado, siempre bordaba flores y mariposas, flores de durazno y violetas; de cuando en cuando dejaba la costura y observaba a papá jugando con el Dr. Hoffman, lo miraba con gran ternura como si hubiera sido un niño, su niño. Papá sentía aquella mirada, buscaba sus ojos y sonreían; "esos novios", solía decir el viejo Hoffman... Alguien había llegado hasta la puerta y Gabriel podía escuchar una respiración acelerada; Jana calló bruscamente y su cara se endureció. Nunca había visto Gabriel aquella expresión tan dura, tan fría, tan distinta de la que él amaba, de la que él guardaba dentro de sí... Seguía escuchando la respiración cerca de la puerta, tan fuerte, tan agitada como la de una fiera en celo... se sentía mal, cada vez más, disgustado con todo y con él mismo, aquella atmósfera le resultaba asfixiante, aquellos pasos, aquella respiración, aquella mujer tan lejana, tan desconocida para él. Había hecho tantos proyectos, había planeado lo que iba a decirle, lo que ella contestaría, todo, y ahora lo había olvidado todo, no sabía ya qué decir ni de qué hablar. Recorría con la vista los cuadros, los retratos, las estatuillas, el gobelino lleno de figuras que danzaban en el campo sobre la hierba, la gran araña que iluminaba el salón, todo parecía rígido allí y con ojos, miles de ojos que observaban, que lo cercaban poco a poco, y la respiración, detrás de la puerta, aquella respiración que empezaba a crisparle los nervios.

—¡Basta ya, Walter!— gritó de pronto Jana —¡basta, te digo!

Gabriel se levantó y fue a sentarse junto a ella, tomó su mano, estaba fría y húmeda...

—Jana, querida, salgamos de aquí; vamos a caminar un poco, a platicar, vamos a... Ella retiró la mano y lo miró fijamente. Entonces él vio de cerca sus ojos, por primera vez esa noche, estaban increíblemente brillantes, las pupilas dilatadas, inmensas y lagrimeantes... sintió que un escalofrío le corría por la espalda mientras la sangre le golpeaba las sienes... Jana se levantó y fue a tocar un timbre, nadie apareció, volvió a tocar, no hubo respuesta.

—Quiero el té, bien caliente —gritó Jana. Gabriel quería salir de allí, respirar aire puro, no ver más los retratos, ni el piano, salir de aquella sala agobiante, de aquel mundo de objetos, de tantos recuerdos, de aquella noche desquiciante, de aquel aturdimiento. El gran candil con sus cien luces calentaba demasiado. Necesitaba aire y el aire no alcanzaba a penetrar a través de las celosías, la puerta de cristales que comunicaba con el jardín se encontraba cerrada... El reloj de la chimenea dio la media, la noche se había eternizado para Gabriel y el tiempo era una línea infinitamente alargada. Jana regresó a sentarse en la misma butaca y encendió un cigarrillo.

—¿Qué ha sucedido, Jana? Dímelo.

—Así era yo entonces —dijo ella señalando el retrato de una jovencita.

No está conmigo, pensó dolorosamente Gabriel.

—El día que me hicieron el retrato, cumplía diez y seis años; mamá me había hecho el vestido, era de organza azul; "es del mismo color que los ojos", dijo papá; por la tarde fuimos a tomar helados y después al teatro, mamá comentó que la obra era un poco atrevida para una niña; "ya es una joven", agregó papá con una sonrisa, "está bien que vaya sabiendo algunas cosas"; el Dr. Hoffman me regaló el collar que tengo en el retrato, ¿no es lindo...? era de cristal de roca color turquesa, el color azul siempre ha sido mi predilecto, ¿a ti te gusta?

—Es el color de tus ojos, pero... ¿por qué no hablamos de nosotros?

Se escuchó el ruido de una mesa de té que alguien arrastraba; Jana se levantó precipitadamente y salió de la sala; regresó con la mesa. Gabriel recordó en ese momento la primera vez que la vio en el hospital, conduciendo aquella camilla...

—*Le mandé decir que no había terminado de prepararlo* —*le dijo Jana al Dr. Hoffman.*

—*Está bien Jana, no estorbe ahora. Ella se hizo a un lado sin decir más y se sentó en una banca; desde allí observaba con gran atención las manos del Dr. Hoffman trabajando hábilmente en aquel cuerpo muerto...*

Jana servía el té. —¿Con crema o solo?

—Prefiero solo. Cuando le dio la taza Gabriel volvió a mirar de cerca aquellas pupilas enormemente dilatadas y lagrimosas y sintió algo extraño casi parecido al miedo; "ojos que no me atrevo a mirar de frente cuando sueño", estos ojos no podría él guardarlos para su soledad, para aquellas noches en que vagaba por la ciudad y no tenía más refugio que meterse en algún bar y beber, beber, hasta que la luz del día lo obligaba a hundirse en las sábanas percudidas de su cama de estudiante.

—¿Está bien de azúcar?

—Sí, gracias— contestó él. Qué importancia podía tener ahora el azúcar, las palabras, si todo estaba roto, perdido en el vacío, en el sueño tal vez, o en el fondo del mar, en el capricho de ella, o en su propia terquedad que lo había hecho creer, concebir lo imposible, aquellos meses... todo falso, fingido, planeado, actuado tal vez. Sintió de pronto un enorme disgusto de sí mismo y el dolor de haber sido tan torpe, tan ciego, tan iluso; dolor de su pobre amor tan niño. La miró con rencor, casi con furia, con furia, sí, desatada, de pronto desenfrenada y terrible. Ella sonreía con aquella sonrisa que bien conocía, aquella sonrisa inocente que tanto lo había conmovido y...

—¿No está muy caliente el té? —preguntó Jana. No le contestó, la seguía mirando sonreír, las pupilas dilatadas, los dientes blancos, agudos; detrás de ella los retratos también lo miraban sonrientes... Los pasos llegaron nuevamente hasta la puerta...

—Te dije que no molestaras, que no molestaras. Gabriel advirtió que su frente y sus manos estaban empapadas en sudor, y comenzó a sentir el cuerpo pesado y un extraño hormigueo que poco a poco lo iba invadiendo; estaba completamente mareado y temía, de un momento a otro, caer de pronto en un pozo hondo; se aflojó la corbata, se enjugó el sudor; necesitaba aire, respirar; caminó hasta una ventana, había olvidado las celosías (aquí todo es recuerdo, hasta el aire); se tumbó de nuevo en la silla, pesadamente. Encendió un cigarrillo y miró a Jana como se mira una cosa que no dice nada.

—Tú querías conocer mi casa, mi vida... estás aquí...

El rostro sonriente de Jana se iba y regresaba, se borraba, aparecía, los dientes blancos que descubrían los labios al sonreír, las pupilas dilatadas, se perdía, regresaba otra vez, ahora riendo, riendo cada vez más fuerte, sin parar; él se pasó la mano por los ojos, se restregó los ojos, todo le daba vueltas, aquel extraño gusto en el té, todo giraba en torno de él, los retratos, el gobelino, las estatuillas, los bibelots; Jana se iba y volvía, riéndose; la araña con sus mil luces lo cegaba, el piano negro, los pasos en el pasillo, las ventanas con celosías blancas, la respiración, el rostro de Jana blanco, muy blanco, entre una niebla perdiéndose, regresando, acercándose, los dientes, la risa, los pasos nuevamente, la respiración detrás de la puerta, las figuras danzando sobre la hierba en el gobelino, saliéndose de allí, bailando sobre el piano, en la chimenea, aquel sabor, aquel gusto tan raro del té... Jana decía algo, la vio levantarse y abrir la puerta de cristales que daba al jardín y salir.

Gabriel se incorporó dando traspiés; cuando alcanzó la puerta y respiró el aire fresco de la noche, sintió que se recobraba un poco, lo suficiente para caminar. Jana caminaba por un sendero hacia el fondo del jardín, él la seguía torpemente, tambaleándose; cada vez sentía que era el último paso, su último paso en aquella húmeda noche de otoño; todo fallaba en él, su cuerpo no le obedecía, sólo su voluntad lo llevaba, era ella la que arrastraba al cuerpo; oyó los pasos que venían detrás de él, duros, sordos, pesados, no intentó ni siquiera darse la vuelta, era inútil ya, no podría hacer nada, todo estaba perdido, ya no había esperanza ni deseo de buscarla, quería apresurar el final y caer en el olvido como una piedra en un pozo; perderse en la noche, en lo oscuro, olvidar todo, hasta su propio nombre y el sonido de su voz... y los pasos cada vez más cerca, una sombra se proyectaba adelante y él ya no sabía cuál de las dos sombras era la suya; los pasos estaban ahora junto a él y aquella respiración jadeante...

Jana había llegado hasta una puerta al fondo del jardín y por allí entró. Cuando Gabriel logró llegar, las dos sombras se habían juntado. Un golpe de aire dulzón y nauseabundo le azotó la cara; el estómago se le contrajo, trató de salir al jardín nuevamente y respirar. Ya habían cerrado la puerta... estaba oscuro y sólo una débil claridad de luna se filtraba a través de las celosías; distinguió a Jana hacia el centro del salón, desde allí lo miraba desafiante, en medio de dos féretros de hierro... aquel aire pesado, dulce, fétido le penetraba hasta la misma sangre, un sudor frío le corría por todo el cuerpo, quiso buscar un apoyo y tropezó con algo, cayendo al suelo; algo muy pesado, grande, cayó entonces sobre él; rodaron por el suelo a oscuras, entre golpes, gritos, carcajadas, olor a cadáver, a éter y formol, entre golpes sordos, brutales, de bestia enloquecida, resoplando, cada vez más... Y los ojos claros de Jana eran como los ojos de una fiera brillando en la noche, maligna y sombría... Sobre Gabriel caía una lluvia de golpes mezclados con terribles carcajadas...

—Sheeesss, no tanto ruido, que puedes despertarlos —decía Jana.

LA CELDA

Cuando María Camino bajó a desayunar, ya estaban sentadas en el comedor su madre y su hermana Clara. Pero la señora Camino no empezaba a comer si sus dos hijas no estaban a la mesa. María llegó silenciosamente. Al salir de su cuarto había escuchado sus propios pasos y le pareció que hacía mucho ruido al caminar. Y no quería llamar la atención ni que la notaran ese día: nadie debía sospechar lo que le pasaba. Cuando se dio cuenta de que su madre y su hermana ya estaban en el comedor sintió un gran malestar. Su madre le preguntaría por qué se había retrasado y las había hecho esperar. Entró en el comedor bastante cohibida. Al inclinarse para besar a su madre vio su propio rostro reflejado en el gran espejo italiano: estaba muy pálida y ojerosa. Pronto se darían cuenta de ello su madre y su hermana. Sintió que un viento frío le corría por la espalda. La señora Camino no le preguntó nada, pero en cualquier momento lo haría y ella tendría que tener preparada alguna excusa. Diría que el reloj se le había parado. Mientras mondaba una manzana sabía que su madre y Clara la estaban observando; tal vez ya habían sospechado; bajó la mirada y supo que había enrojecido. Pero afortunadamente Clara Camino empezó a hablar en ese momento de una exhibición de

modas, que con fines benéficos preparaba su club.
—Me gustaría mucho que fueras con nosotras—
le dijo de pronto a María. —Claro que irá —se
apresuró a asegurar la señora Camino, antes de
que María pudiera decir algo. María sonrió débilmente a su madre y siguió tomando el chocolate.
También ella tendría que hablar de algo, conversar con su madre y con su hermana; pero temía
que su voz la delatara y que ellas se dieran cuenta que algo le sucedía. Y no podría decirlo nunca
a nadie. Su madre se moriría con una noticia
así, y Clara tal vez no lo creería. —¿No quiere
un poco de mermelada?— se atrevió a preguntar
a su madre, acercándole tímidamente la mermelada de naranja que ella había preparado el día
anterior. —Gracias querida, ¡ah es la que tú preparaste!— decía la señora Camino y la miraba
tiernamente. Eso había sido ayer y qué lejano
parecía. Ella podía preparar mermeladas y pasteles, sentarse a tejer junto a su madre, leer varias horas, escuchar música. Ahora ya no podría
hacer eso, ni nada. Ya no tendría paz ni tranquilidad. Cuando terminaron de desayunar, María
subió a su cuarto y lloró sordamente.

Casi todas las veladas la señora Camino y
Clara jugaban a las cartas con Mario Olaguíbel,
prometido de Clara, y con el primo de Mario,
José Juan. A María no le gustaban los juegos de
cartas, le parecían aburridos e inútiles. Mientras
jugaban, María se sentaba cerca de la chimenea
y tejía en silencio. Y sólo interrumpía su labor

para servir alguna crema o licor que su madre ordenaba. Esa noche María pidió que le permitieran jugar con ellos. Todos quedaron muy sorprendidos y la señora Camino se sintió muy complacida "de que la pequeña María comenzara a mostrarse sociable." Ella había pensado que tal vez el juego lograra distraerla un poco. Pero resultaba inútil el esfuerzo. No podía concentrarse y jugaba torpemente. A cada momento miraba el reloj sobre la chimenea, espiaba las puertas, oía pisadas. Cada vez que hacía una mala jugada se turbaba y enrojecía. La señora Camino fumaba con su larga boquilla de marfil. —Vamos, vamos querida, piensa tus jugadas— le decía de vez en cuando para no mortificarla. José Juan sonreía como queriendo alentarla. —La próxima vez jugará mejor, no se preocupe— le había dicho al despedirse. María subió lentamente la escalera hacia su cuarto y al abrir la puerta tuvo la sorpresa de aquella presencia...

La señora Camino se mostraba muy contenta de ver que María pasaba los días ocupada, "esa niña siempre fatigada y sin ánimo para nada ahora está activa constantemente." María había logrado su propósito; su madre y Clara creían que su salud había mejorado y que se sentía contenta y diligente. Era la única forma de evitar que ellas sospecharan lo que le sucedía. Pasaba horas arreglando el desván y la despensa, desempolvando la biblioteca, ordenando los *closets*. Ellas la creían entretenida y no podían sorprender aquella angustia que ensombrecía su rostro, ni sus manos temblorosas y torpes. María no lograba apartar de su mente, ni un solo instante, aquella imagen. Sabía que estaba condenada, mientras viviera, a sufrir aquella tremenda tortura y a callarla. Los días le parecían cortos, huidizos, como si se le fueran de las manos, y las noches interminables. De sólo pensar que habría otra más, temblaba y palidecía. *Él* se acercaría lentamente hasta su lecho y ella no podría hacer nada, nada...

María Camino se dio cuenta, un día, que José Juan Olaguíbel podría ser un refugio para ella, o tal vez su única salvación. Podría casarse con él, viajar mucho, irse lejos, olvidar... Tenía bastante dinero y podría llevarla adonde ella quisiera, adonde *él* no la encontrara. Luchando contra su natural timidez, comenzó a ser amable con él y a conversar. Esta nueva reacción de María fue recibida con bastante agrado no sólo por José Juan Olaguíbel, sino por toda la familia, lo cual facilitaba las cosas. Cuando no jugaban a las cartas pasaban la velada conversando. María descubrió que resultaba agradable platicar con él. Empezó a sentirse bien en su compañía y a distraer un poco su preocupación. Poco a poco iba conociendo la ternura y la esperanza. Empezaron a hacer proyectos y planes y al poco tiempo María lucía un anillo de compromiso, y la boda quedó fijada para el próximo mes de enero. Ella hubiera querido acelerar la fecha del matrimonio y huir de aquella horrible tortura que tenía que sufrir noche tras noche; sin embargo, no podía despertar sospechas de ninguna especie. Su boda tendría que realizarse con toda normalidad, como si no pasara nada, como si ella fuera una muchacha común y corriente. Por las noches se esforzaba en retener los más posible a José Juan. A medida que las horas pasaban y se acercaba el momento en que los Olaguíbel se despedían, María empezaba a sufrir aquel terror desorbitado de quedarse sola; tal vez *él* ya la estaba esperando allá arriba en su cuarto y ella sin poder hacer nada para evitarlo, sin poder decirle a José Juan que se la llevara esa misma noche y la salvara de aquel martirio. Pero allí estaban delante su madre y Clara que nada sabían ni podrían saber nunca. María los veía subir al automóvil; entonces cerraba la puerta y una muda desesperación la consumía...

Habían pasado octubre y noviembre haciendo compras y preparativos para la boda. José Juan había adquirido una vieja residencia que estaba reconstruyendo lujosamente. Muy complacida la señora Camino acompañaba a su hija a todos los sitios adonde había que ir, y la ayudaba a seleccionar las compras. María estaba cansada. Todos los días, mañana y tarde, había algo que hacer: escoger telas, muebles, vajillas, ir a la modista, a la bordadora, discutir con el arquitecto sobre la casa, elegir colores de pinturas para las habitaciones, alfombras, cortinas... Se dio cuenta con gran tristeza y desencanto que aquel hermoso juego de liberación la había cansado y que no quería saber ya ni de la boda, ni de José Juan, ni de nada. Empezó a sentir disgusto cuando oía que llegaba, lo cual hacía varias veces durante el día, con el pretexto de consultarle alguna cosa. Comenzó a chocarle su voz, el leve beso que le daba al despedirse por las noches, los labios fríos y húmedos, su conversación: "la casa, las cortinas, las alfombras, la casa, los muebles, las cortinas..." Ella no podía más, ya no le importaba salvarse o padecer toda la vida. Sólo quería descansar de aquella tremenda fatiga, de ir todo el día de un lado a otro, de hablar con cien gentes, de opinar, de escoger cosas, de oír la voz de José Juan... Quería quedarse en su cuarto, sola, sin ver a nadie, ni siquiera a su madre y a Clara, estar sola, cerrar los ojos, olvidar todo, no oír ni una palabra, nada, "la casa, los muebles, las alfombras, la ropa blanca, las cortinas, la casa, la modista, los muebles, la vajilla..."

Empezaba a sentirse el frío de diciembre y una noche Clara preparó unos ponches. María, totalmente lejana, bordaba cerca de la chimenea. La señora Camino y Clara jugaban canasta uruguaya con los Olaguíbel. José Juan habló de un viaje que tenía que hacer a Nueva York, por asuntos de familia, lo cual le contrariaba sobremanera por estar tan cercana la fecha de la boda y haber tantas cosas por arreglar. Cuando María oyó aquella noticia experimentó una gran felicidad, de sólo pensar que se libraba de su presencia por unos días. Sintió que aquel cerco, que empezaba a estrecharse sobre ella, de pronto se rompía. Tomó varios ponches de naranja, se rió de cualquier cosa y lo besó al despedirse.

Al día siguiente María se levantó sintiéndose contenta y ligera. Durante el desayuno Clara notó que tenía los ojos brillantes y que sonreía sin darse cuenta. —Tienes el aspecto de las mujeres satisfechas— le dijo. María comprendió todo en aquel momento. Y supo por qué era tan feliz. Estaba ganada para siempre. Ya nada más importaría. Era como una hiedra pegada a un árbol gigantesco, sumisa y confiada. Desde ese momento el día se tornó una enorme espera, un deseo interminable...

Pero José Juan Olaguíbel no se marchó para Nueva York. Cuando María lo vio llegar por la noche, se apoderó de ella una furia tal que enmudeció por completo. No prestó atención a nada de lo que le explicaba, estaba tensa de ira. Él no advirtió el odio que había en sus ojos. Mientras José Juan hablaba y sonreía satisfecho, ella hubiera querido... Sin importarle lo que pensaran su madre y su novio, corrió escaleras arriba hacia su cuarto. Allí lloró de rabia, de fastidio... hasta que *él* llegó y se olvidó de todo...

La última noche del año, la señora Camino dispuso una espléndida cena. Sólo asistieron los familiares más cercanos y los Olaguíbel. Clara lucía hermosa y feliz. Habían decidido, ella y Carlos, efectuar una doble boda y juntos hacer el recorrido por Europa. La señora Camino no pudo evitar unas lágrimas de felicidad, "satisfecha de haber encontrado tan magníficos partidos para sus queridas niñas". María estaba pálida y sombría. Llevaba un traje blanco de brocado italiano, ceñido y largo como una túnica. Casi no habló en toda la noche. Todos, excepto ella, gozaron la cena, pero María sabía muy bien dónde estaba su única felicidad, y aquella fiesta fue larga y agotadora. Las manecillas del reloj no se movían. El tiempo se había detenido...

Ahora el tiempo también se ha detenido... *¡Qué cuarto tan frío y oscuro!, tan oscuro que el día se junta con la noche; ya no sé cuándo empiezan ni cuándo terminan los días; quiero llorar de frío, mis huesos están helados y me duelen; siempre estoy subida en la cama, amonigotada, cazando moscas, espiando a los ratones que caen irremediablemente en mis manos; el cuarto está lleno de cadáveres de moscas y de ratones; huele a humedad y a ratones putrefactos, pero no me importa, que los entierren otros, yo no tengo tiempo; este castillo es oscuro y frío como todos los castillos; yo sabía que él tenía un castillo... ¡qué lindo estar prisionera en un castillo, qué lindo!; siempre es de noche; él no deja que nadie me vea; mi casa ha de estar muy lejos; había una chimenea muy grande en la biblioteca de papá y yo arreglaba y desempolvaba los libros; yo quiero una chimenea para calentarme, pero no me atrevo a decírselo, me da miedo, se puede enojar; yo no* *quiero que se enoje conmigo; no hablé ni una palabra con esos hombres que vinieron, podría llegar y sorprenderme; me metí en la cama y me tapé la cara con las cobijas; siempre estamos juntos; ¿dónde están mamá y Clara?; Clara es mi hermana mayor; ¡yo no las quiero, les tengo miedo, que no vengan, que no vengan...! Tal vez ya están muertas y tienen los ojos abiertos y brillantes como los tenía José Juan aquella noche; yo quería cerrarle los ojos porque me daba miedo que me estuviera viendo; tenía los ojos muy abiertos y muy brillantes... "serás una bella novia, toda blanca", la luna también era blanca, muy blanca y muy fría; como siempre es de noche él viene a cualquier hora; siempre estamos juntos; si no hiciera tanto frío yo sería completamente feliz, pero tengo mucho frío y me duelen los huesos; ayer me golpeó cruelmente y grité mucho, mucho... José Juan se puso frío, muy frío; no lo dejé caer, sino resbalar suavemente; la luna lo bañaba y sus ojos estaban fijos; también las ratas se quedan con los ojos fijos; se quedó dormido sobre el césped, bajo la luna; estaba muy blanco... yo lo estuve viendo mucho rato... quisiera asomarme a esa ventana y poder ver las otras habitaciones... no alcanzo, está muy alta y él puede venir y sorprenderme, como llega a cualquier hora, cuantas veces quiere... se puede enojar y golpearme... Ese ruido en el rincón aquel: otro ratón, lo cogeré antes que él llegue, pues cuando venga ya no podré hacer nada...*

FINAL DE UNA LUCHA

Estaba comprando el periódico de la tarde, cuando se vio pasar, acompañado de una rubia. Se quedó inmóvil, perplejo. Era él mismo, no cabía duda. Ni gemelo ni parecido; era él quien había pasado. Llevaba el traje de casimir inglés y la corbata listada que le había regalado su mujer en Navidad. "Aquí tiene su vuelto", decía la vendedora. Recibió las monedas y las guardó en el bolsillo del saco casi sin darse cuenta. El hombre y la rubia iban ya por la esquina. Echó a andar tras ellos apresuradamente. Tenía que hablarles, saber quién era el otro y dónde vivía. Necesitaba averiguar cuál de los dos era el verdadero. Si él, Durán, era el auténtico dueño del cuerpo y el que había pasado su sombra animada, o si el otro era el real y él su sola sombra.

Caminaban cogidos del brazo y parecían contentos. Durán no lograba alcanzarlos. A esa hora las calles estaban llenas de gente y resultaba difícil caminar. Al doblar una esquina ya no los vio. Pensó que los había perdido y experimentó entonces aquella angustiosa sensación, mezcla de temor y ansiedad, que a menudo sufría. Se quedó parado mirando hacia todos lados, sin saber qué hacer ni adónde ir. Supo entonces que él era quien se había perdido, no los otros. En ese momento los vio subir a un tranvía. Llegó con la boca seca y casi sin respiración, tratando de localizarlos entre aquel apeñuscamiento humano. Estaban hacia la mitad del carro, cerca de la puerta de salida, aprisionados como él, sin poder moverse. No había podido ver bien a la mujer. Cuando pasaron por la calle le pareció hermosa. ¿Una hermosa rubia, bien vestida, del brazo de él...? Tenía prisa por que bajaran del tren y poder abordarlos. Sabía que no podría soportar mucho tiempo aquella situación. Los miró encaminarse hacia la puerta de salida y bajar. Trató de seguirlos, pero cuando logró salir del tranvía, ellos habían desaparecido. Los buscó inútilmente, durante varias horas, por las calles cercanas. Entraba en todos los establecimientos, husmeaba por las ventanas de las casas, se detenía un buen rato en las esquinas. Nada; no los encontró.

Abatido, desconcertado, tomó el tranvía de regreso. Con aquel infortunado encuentro su habitual inseguridad había crecido a tal punto que no sabía ya si era un hombre o una sombra. Se metió en un bar, pero no en aquel adonde acostumbraba tomar la copa con los amigos, sino en otro donde no lo conocieran. No quería hablar con nadie. Necesitaba estar solo, encontrarse. Bebió varias copas, pero no pudo olvidar el encuentro. Su mujer lo esperaba para cenar, igual que siempre. No probó bocado. La sensación de ansiedad y de vacío le había llegado al estómago. Aquella noche no pudo acercarse a su mujer, cuando ella se acostó a su lado, ni las siguientes. No podía engañarla. Sentía remordimientos, disgusto de sí mismo. Quizás a esa misma hora él estaba poseyendo a la hermosa rubia...

Desde la tarde aquella en que se vio pasar con una rubia, Durán se encontraba bastante mal. Cometía frecuentes equivocaciones en su trabajo del Banco. Estaba siempre nervioso, irritable. Pasaba poco tiempo en su casa. Se sentía culpable, indigno de Flora. No podía dejar de pensar en aquel encuentro. Durante varios días había ido a la esquina aquella donde los vio y pasaba horas enteras esperándolos. Necesitaba saber la verdad. Conocer su condición de cuerpo, o de simple sombra.

Un día aparecieron nuevamente. Él llevaba aquel viejo traje café que lo había acompañado tantos años. Lo reconoció al instante; se lo había puesto tantas veces... Le traía de golpe muchos recuerdos. Caminaba bastante cerca de ellos. Era su mismo cuerpo, no cabía duda. La misma velada sonrisa, el cabello a punto de encanecer, el modo de gastar el tacón derecho, los bolsillos siempre llenos de cosas, el periódico bajo el brazo... Era él. Subió tras ellos al tranvía. Alcanzó a aspirar el perfume de ella... lo conocía, "Sortilège" de Le Galion. Aquel perfume que Lilia usaba siempre y que un día él le había regalado haciendo un gran esfuerzo al comprarlo. Lilia le había reprochado que nunca le regalaba nada. La había amado durante varios años, cuando era un pobre estudiante que se moría de hambre y de amor por ella. Ella lo despreciaba porque no po-

61

día darle las cosas que le gustaban. Amaba el lujo, los sitios caros, los obsequios. Salía con varios hombres, con él casi nunca... *Había llegado con gran timidez a la tienda, contando el dinero para ver si era suficiente. "Sortilège es un bello aroma —dijo la muchachita del mostrador—; le gustará sin duda a su novia."* Lilia no estaba en *su casa cuando fue a llevarle el perfume. Estuvo esperándola varias horas... Cuando se lo dio, Lilia recibió el regalo sin entusiasmo, ni siquiera lo abrió. Sintió una gran desilusión. Aquel perfume era todo y más de lo que él podía darle y a ella no le importaba. Lilia era bella y fría. Ordenaba. Él no podía complacerla...* Bajaron del tranvía. Durán los siguió de cerca. Había resuelto no abordarlos en la calle. Caminaron varias calles. Finalmente entraron en una casa pintada de gris. Allí vivían, sin duda. En el número 279. Allí vivía con Lilia. No podía seguir así. Tenía que hablarles, saberlo todo. Acabar con aquella doble vida. No quería seguir viviendo con su mujer y con Lilia al mismo tiempo. Amaba a Flora de una manera tranquila, serena. Había querido a Lilia con desesperación, con dolor de sí mismo, siempre humillado por ella. Las tenía a las dos, las acariciaba, las poseía al mismo tiempo. Y sólo una de ellas lo tenía realmente; la otra vivía con una sombra. Tocó el timbre de la puerta. Volvió a tocar... *Había tenido tanta paciencia pensando que a la larga eso la ganaría. Esperaba a Lilia en la puerta de su casa, se contentaba con verla. Con que algunas veces lo dejara acompa-*

ñarla hasta donde ella iba. Entonces regresaba a la pensión tranquilo; la había visto, la había hablado... Tocó nuevamente el timbre. Oyó en ese momento gritar a Lilia. Gritaba desesperada como si la estuvieran golpeando. Y la golpeaba él mismo, cruel y salvajemente. Pero él nunca tuvo valor para hacerlo, aun cuando muchas veces lo deseó... *Lilia estaba muy bella con un vestido de raso azul, lo miró fríamente mientras decía: "Voy a salir al teatro con mi amigo, no puedo recibirte." Él llevaba el título que le habían entregado ese mismo día, quería que fuera la primera en verlo. Había pensado que lo felicitaría por aquella calificación tan alta que había logrado sacar. Les había dicho a sus compañeros que Lilia lo acompañaría al baile, con el cual celebraban la terminación de sus estudios. "Espera un momento, Lilia, sólo quiero pedirte..." Un carro se había detenido frente a la casa. Y Lilia no oía ya lo que él estaba diciendo. La había tomado de un brazo tratando de retenerla sólo lo necesario para hacerle la invitación. Ella se desprendió de la mano que la sujetaba y corrió hasta el coche que la esperaba. La vio sentarse muy cerca del hombre que había ido a buscarla, la vio besarlo, alcanzó a oír su risa. Sintió que toda la sangre se le subía a la cabeza y por primera vez tuvo ganas de tenerla entre sus brazos y acabar con ella, hacerla pedazos. Aquella fue la primera vez que bebió hasta perderse por completo...* Volvió a tocar el timbre, nadie respondía. Seguía oyendo gritar a Lilia. Empezó entonces a golpear la puerta. No podía dejarla morir en sus propias manos. Tenía que salvarla... *"Lo único que quiero es que me dejes en paz, no volver a verte nunca", había dicho Lilia aquella noche, la última que la vio. La había estado esperando para despedirse. No podía seguir viviendo en el mismo lugar que ella, y sufriendo día a día sus desaires y humillaciones. Tenía que partir, alejarse para siempre. Lilia había descendido del auto cerrando con furia la portezuela. Un hombre bajó tras ella, y alcanzándola, la comenzó a golpear. Él había corrido en su ayuda. Cuando el amigo de Lilia se marchó en su automóvil, Lilia lloraba. La había abrazado tiernamente, protegiéndola; entonces se separó bruscamente de él y dijo que no quería verlo más. Todo se rebeló en su interior. Se arrepintió de haberla librado de los golpes, de haberle mostrado su ternura. Que el otro la hubiera matado, habría sido su salvación. Al día siguiente se marchó de aquella ciudad. Tenía que huir de Lilia y librarse para siempre de aquel amor que lo empequeñecía y humillaba. No había sido fácil olvidarla. La veía en todas las mujeres. Creía encontrarla en los tranvías, en los cines, en los cafés. A veces seguía por la calle bastante rato a una mujer, hasta descubrir que no era Lilia. Oía su voz, su risa. Recordaba sus frases, su forma de vestir, su manera de caminar, su cuerpo tibio, elástico, que tan pocas veces había tenido entre los brazos, y el perfume de su cuerpo mezclado con* Sortilège. *Le dolía su pobreza y se desesperaba a menudo, pensando que con dinero Lilia lo habría querido. Había pasado varios años viviendo de aquel recuerdo. Un día apareció Flora. Él se había dejado llevar sin entusiasmo. Pensaba que la única forma de terminar con Lilia era teniendo otra mujer cerca. Se había casado sin pasión. Flora era buena, tierna, comprensiva. Había respetado su reserva, su otro mundo. A veces despertaba por la noche sintiendo que era Lilia quien dormía a su lado, palpaba el cuerpo de Flora y algo por dentro se le desgarraba. Un día desapareció Lilia, la había olvidado. Comenzó a acostumbrarse a Flora y a quererla. Pasaron años...* Apenas se oían los gritos de Lilia, eran muy débiles, apagados, como si... Derribó la puerta y entró. La casa estaba completamente a oscuras.

La lucha fue larga y sorda, terrible. Varias veces, al caer, tocó el cuerpo inerte de Lilia. Había muerto antes de que él pudiera llegar. Sintió su sangre tibia aún, pegajosa. Sus cabellos se le enredaron varias veces en las manos. Él continuó aquella oscura lucha. Tenía que llegar hasta el fin, hasta que sólo quedara Durán, o el otro...

Hacia la medianoche salió Durán de la casa pintada de gris. Iba herido, tambaleante. Miraba con recelo hacia todas partes, como el que teme ser descubierto y detenido.

ALTA COCINA

Cuando oigo la lluvia golpear en las ventanas vuelvo a escuchar sus gritos. Aquellos gritos que se me pegaban a la piel como si fueran ventosas. Subían de tono a medida que la olla se calentaba y el agua empezaba a hervir. También veo sus ojos, unas pequeñas cuentas negras que se les salían de las órbitas cuando se estaban cociendo.

Nacían en tiempo de lluvia, en las huertas. Escondidos entre las hojas, adheridos a los tallos, o entre la hierba húmeda. De allí los arrancaban para venderlos, y los vendían bien caros. A tres por cinco centavos regularmente y, cuando había muchos, a quince centavos la docena.

En mi casa se compraban dos pesos cada semana, por ser el platillo obligado de los domingos y, con más frecuencia, si había invitados a comer. Con este guiso mi familia agasajaba a las visitas distinguidas o a las muy apreciadas. "No se pueden comer mejor preparados en ningún otro sitio", solía decir mi madre, llena de orgullo, cuando elogiaban el platillo.

Recuerdo la sombría cocina y la olla donde los cocinaban, preparada y curtida por un viejo cocinero francés; la cuchara de madera muy oscurecida por el uso y a la cocinera, gorda, despiadada, implacable ante el dolor. Aquellos gritos desgarradores no la conmovían, seguía atizando el fogón, soplando las brasas como si nada pasara. Desde mi cuarto del desván los oía chillar. Siempre llovía. Sus gritos llegaban mezclados con el ruido de la lluvia. No morían pronto. Su agonía se prolongaba interminablemente. Yo pasaba todo ese tiempo encerrado en mi cuarto con la almohada sobre la cabeza, pero aun así los oía. Cuando despertaba, a medianoche, volvía a escucharlos. Nunca supe si aún estaban vivos, o si sus gritos se habían quedado dentro de mí, en mi cabeza, en mis oídos, fuera y dentro, martillando, desgarrando todo mi ser.

A veces veía cientos de pequeños ojos pegados al cristal goteante de las ventanas. Cientos de ojos redondos y negros. Ojos brillantes, húmedos de llanto, que imploraban misericordia. Pero no había misericordia en aquella casa. Nadie se conmovía ante aquella crueldad. Sus ojos y sus gritos me seguían y, me siguen aún, a todas partes.

Algunas veces me mandaron a comprarlos; yo siempre regresaba sin ellos asegurando que no había encontrado nada. Un día sospecharon de mí y nunca más fui enviado. Iba entonces la cocinera. Ella volvía con la cubeta llena, yo la miraba con el desprecio con que se puede mirar al más cruel verdugo, ella fruncía la chata nariz y soplaba desdeñosa.

Su preparación resultaba ser una cosa muy complicada y tomaba tiempo. Primero los colocaba en un cajón con pasto y les deban una hierba rara que ellos comían, al parecer con mucho agrado, y que les servía de purgante. Allí pasaban un día. Al siguiente los bañaban cuidadosamente para no lastimarlos, los secaban y los metían en la olla llena de agua fría, hierbas de olor y especias, vinagre y sal.

Cuando el agua se iba calentando empezaban a chillar, a chillar, a chillar... Chillaban a veces como niños recién nacidos, como ratones aplastados, como murciélagos, como gatos estrangulados, como mujeres histéricas...

Aquella vez, la última que estuve en mi casa, el banquete fue largo y paladeado.

MUERTE EN EL BOSQUE

El hombre venía caminando con pasos lentos y pesados, casi arrastrando los pies. Las manos en las bolsas de la gabardina y los brazos sueltos, abandonados. Delataba cansancio, una fatiga de siempre. Llevaba el cigarrillo constantemente entre los labios como si formara parte de ellos. Había un anuncio de manta en el balcón de un edificio "Se alquila departamento vacío." El hombre se encogió de hombros al leerlo y siguió su camino con el mismo desgano...

—Ya no puedo aguantar más en esta miserable jaula, no hay sitio ni para una palabra. No se puede uno mover porque todo está lleno de cosas. Tienes que buscar otro departamento —le repetía todos los días su mujer.

—Para decirme eso no necesitas gritar —le contestaba. *Todo está lleno de cosas, es cierto. De esas cosas que tú has ido acumulando y que me han hecho insoportable esta casa... esas macetitas con flores de papel de estraza, colgadas por todos lados, hasta en el baño; las paredes tapizadas de calendarios con paisajes de invierno y rollizos nenes sonriendo, con retratos de toda la familia y hasta de los amigos, con cuadros hechos de popotes pintados; los costureros y las cajitas; los conejos de yeso y las palomas; las muñecas de estambre desteñidas y sucias oliendo a humedad; las frutas de cera llenas de mosca...*

—Y ni siquiera me oyes lo que te digo —decía furiosa.

—Sí te escucho, pero bien sabes que no tengo tiempo para dedicarme a buscar otro departamento. *Otro sitio que tú te encargarás de arruinar y llenar de cosas...*

—Si yo viniera solamente a dormir, tampoco me importaría, pero como soy la que sufre este cajón estoy decidida a cambiarme, aunque me quede sin comer.

¿Y a qué otra cosa podría él venir sino a tumbarse un rato y a tratar de dormir? Sentía horror de llegar a aquella casa, de ver a la mujer que había amado gorda y sucia, despeinada, oliendo a cebolla todo el tiempo, con las medias deshiladas y flojas, el fondo salido... A veces se la quedaba mirando con gran dolor y cierta ternura, así como se contempla la tumba de un ser querido.

—Ten paciencia, dentro de unos meses tendré una semana libre y entonces buscaré algo mejor.

—Y mientras tanto, yo aquí volviéndome loca. Ya no soporto a los niños brincando sobre las camas y destruyéndolo todo, porque no tienen dónde jugar. (Había hecho todo por malcriar a los niños y ahora se quejaba) —Te exijo que busques un departamento inmediatamente.

—No te das cuenta de que estoy muy cansado, de que me siento mal.

—El resultado de tanto café, de tanto cigarro, de tantas copas...

—Es que estoy muy cansado, a veces pienso

al despertar que ya no podré levantarme más. Todo lo que hago me cuesta mucho esfuerzo.

—¡Claro! descansas poco, trabajas mucho y bebes café todo el día... Con ese dinero que malgastas en los cafés, en los cigarrillos y en copas podríamos vivir un poco mejor.

—Si no bebiera tanto café, ni fumara, ni me tomara unas copas, no podría mover un solo dedo; no quieres ver que estoy totalmente agotado...

—Pues a ver de dónde sacas fuerzas y te das un tiempecito para buscar departamento...

Y ésta era aquella muchacha esbelta, con sus blusas siempre almidonadas y sus faldas de mascota que él iba a esperar todas las tardes a la salida de la oficina... caminaban por las calles cogidos de la mano... se detenían en los escaparates de las grandes tiendas para elegir cosas que nunca podrían comprar... bebían café de chinos entre proyectos y miradas... contaban todos los días el dinero que iban ahorrando para casarse... El hombre suspiró tristemente y se detuvo, volvió la cabeza y alcanzó aún a ver al anuncio que había quedado varias cuadras atrás. Regresó hasta el edificio. Echó una mirada al tablero de los timbres y tocó el de la portería. Tocó, volvió a tocar. Otra vez más y nadie respondía. De pronto se dio cuenta de que la puerta se encontraba abierta y entró. No había nadie en la planta baja. Subió una oscura escalera y apenas se atrevió a tocar el timbre de un departamento. Casi al instante apareció en la puerta una muchacha muy pintada, pero desaliñada y sucia.

—¿Qué se le ofrece?

—Busco informes del departamento que está desocupado y no contestan en la portería —dijo con timidez.

—Esa vieja nunca atiende nada, no sé cómo no la han corrido. Mire usted, el departamento vacío está en el quinto piso, pero la vieja tiene las llaves. Ella vive en la azotea, allí la puede encontrar.

—Muchas gracias, señorita.

Comenzó a subir más lentamente que cuando caminaba por la calle. Una escalera, otra, otra... Se detuvo un poco, respiró hondo. Tiró el cigarrillo que ya estaba terminado y encendió otro. Siguió subiendo... subiendo...

—¿Quién llamaba a la portería? —gritó una voz de mujer. Él miró hacia arriba, de donde salía la voz, y descubrió a una mujer gorda y chaparra que se asomaba por la escalera.

—Yo llamé —contestó —quiero ver el departamento vacío.

—Voy por las llaves, espéreme allí, ahorita bajo. El hombre esperó pacientemente a que la mujer bajara con las llaves y abriera el departamento. No era una gran cosa, pero la estancia era amplia y tenía suficiente luz, buena orientación. Debía de ser caliente en el invierno; una recámara para los niños y otra para ellos, un baño bastante decoroso...

—¿Cuánto renta? —le preguntó a la portera.

—Yo no sé, señor, pero si a usted le interesa le puedo dar el teléfono del dueño para que se arreglen.

—Sí, el departamento me interesa, ¿cuál es el número?

—No me lo sé de memoria, pero allá arriba en mi cuarto lo tengo apuntado, se lo iré a traer.

—Yo iré con usted.

Subió tras ella y llegaron a la azotea.

—Ahora se lo doy —dijo la mujer entrando en el cuarto. Abrió el cajón de una desvencijada mesa y empezó a sacar tapones de vidrio, una vela, cordones de lana para las trenzas, moños arrugados y descoloridos, un pedazo de espejo, cajas vacías, frascos, unos anteojos, corchos, unas tijeras rotas... El hombre se había quedado afuera, recargado en la puerta del cuarto, y desde allí miraba a la mujer que revolvía el cajón sin encontrar nada. Y cada vez sacaba más cosas. Donde quiera es lo mismo —pensaba al observarla— almacenar basura, llenarse de cosas inútiles por si algún día sirven, juntar cosas y más cosas con desesperación, hasta que un día se muera asfixiado entre ellas. En su casa tenía siempre la sensación de que un día aquel mundo de objetos se animaría y se echaría sobre él. Sintió un gran malestar y apartó la vista de la mujer que seguía sacando cosas... Miró hacia arriba. Había nubes blancas. Sería bueno agarrar un puñado. Se veían tan cerca...

—Yo no sé qué se me ha hecho ese papelito donde apunté el número, estoy segura de que lo guardé aquí —decía la mujer, mientras sacaba y volvía a meter en el cajón de la mesa cosas y más cosas.

Pasó una bandada de pájaros. Los siguió con la vista y los vio llegar a su destino: el bosque. Regresaban a dormir entre los árboles. Sintió entonces nostalgia de los árboles, deseo de ser árbol... —Ahora lo encuentro, ahora lo encuentro —decía la mujer—... vivir en el bosque, enraizado, siempre en el mismo sitio, sin tener que ir de un lado a otro, sin moverse más; siempre allí mirando las nubes y las estrellas, y las estrellas se apagarían y se volverían a encender y la mujer seguiría buscando, buscando... la noche, el día, otra noche, otro día, y la mujer buscando, buscando, buscando desesperada el número de un teléfono... y él en el bosque sin importarle nada, sin oír ya sonar papeles y cajones y cosas... descansando de aquella fatiga de toda su vida, de los tranvías, de las calles llenas de gente y de ruido, de la prisa, de los relojes, de su mujer, de la horrible vivienda, de los niños... sin oír las máquinas de escribir ni las prensas del periódico, ni los linotipos, ni los diez teléfonos sonando a un mismo tiempo... tendría silencio y soledad para pensar, tal vez para recordar, para detenerse en algún minuto hondamente vivido, para oír de nuevo una palabra, una sola palabra... —Aquí guardé ese papelito, me acuerdo muy bien, aquí lo guardé—... encontrarse de pronto en el bosque rodeado de árboles silenciosos, sostenido por hondas raíces, mirando las estrellas y las nubes... el viento mecería suavemente sus ramas y los pájaros se hospedarían en su follaje... ¡vida tranquila y leve la de los árboles, llenos de pájaros y de cantos...! —Pero si yo lo guardé aquí, estoy bien segura—... del día a la noche cientos de cantos, miles de cantos en sus oídos, ante sus ojos fijos, fuera y dentro de él un eterno coro, el mismo coro siempre, y él sin poder oír ya ni sus propios pensamientos sino el alegre canto de los pájaros... padeciendo sus picotazos en el cuello, en los brazos extendidos, en los ojos, y él a su merced sin poder mover ni un dedo y ahuyentarlos... tener que sufrir los vientos huracanados que arrancan las ramas y las hojas... quedarse desnudo largos meses... inmóvil bajo la lluvia helada y persistente, sin ver el sol ni las estrellas... morir de angustia al oír las hachas de los leñadores, cada vez más cerca, más, más... sentir el cuerpo mutilado y la sangre escurriendo a chorros... los enamorados grabando corazones e iniciales en su pecho... acabar en una chimenea, incinerado... —Ya me estoy acordando dónde guardé el papelito— ...ver pasar un día a sus hijos y a su mujer, y él sin poder gritarles —Soy yo, no se vayan— ellos no se detendrían bajo su sombra, ni lo mirarían siquiera, no les comunicarían nada su emoción ni su alegría. —Empieza a soplar el viento, mira cómo se mueven las hojas de ese árbol—, dirían los niños sin reconocerlo, y él allí, clavado en la tierra, enmudecido para siempre, lleno de pájaros y de... —¡Ya lo tengo, ya lo tengo, aquí está ya el número!— decía a voz en cuello la mujer. Al escuchar los gritos el hombre se estremeció bruscamente, como si hubiese caído, dentro del sueño, en un pozo sin fondo. Miró a la mujer que le alargaba el papel, con extrañeza, como si nunca antes la hubiera visto. De pronto se dio vuelta y comenzó a bajar la escalera apresuradamente. —Aquí está el número, señor, ya lo encontré— gritaba la mujer desconcertada por completo. Pero el hombre no la oía, o ya no le importaba oírla, y seguía bajando las escaleras como si lo fueran persiguiendo... —Señor, señor, espérese, aquí tengo el número —repetía la mujer gorda mientras bajaba tras el hombre. Y tal era la prisa que el hombre llevaba que se le cayó el sombrero. Pero siguió bajando, sin detenerse a recogerlo, hasta ganar la puerta de salida... —Su sombrero, señor, se le cayó el sombrero —gritaba entonces la mujer. Ella lo recogió y salió con él a la calle. Vio al hombre que iba corriendo calle abajo... —Su sombrero señor, seeeñññooor, seeeñññooor, seeeñññooorrr... Todavía corrió varias cuadras tratando de entregarle el sombrero. Jadeando y muy fatigada desistió de su empeño y se quedó mirándolo correr calle abajo hasta perderse en el bosque.

LA SEÑORITA JULIA

La señorita Julia, como la llamaban sus compañeros de oficina, llevaba más de un mes sin dormir, lo cual empezaba a dejarle huellas. Las mejillas habían perdido aquel tono rosado que Julia conservaba, a pesar de los años, como resultado de una vida sana, metódica y tranquila. Tenía grandes y profundas ojeras y la ropa se le notaba floja. Y sus compañeros habían observado, con bastante alarma, que la memoria de la señorita Julia no era como antes. Olvidaba cosas, sufría frecuentes distracciones y lo que más les preocupaba era verla sentada, ante su escritorio, cabeceando, a punto casi de quedarse dormida. Ella que siempre estaba fresca y activa. Su trabajo había sido hasta entonces eficiente y digno de todo elogio. En la oficina empezaron a hacer conjeturas. Les resultaba inexplicable aquel cambio. La señorita Julia era una de esas muchachas de conducta intachable y todos lo sabían. Su vida podía tomarse como ejemplo de moderación y rectitud. Desde que sus hermanas menores se habían casado, Julia vivía sola en la casa que los padres les habían dejado al morir. Ella la tenía arreglada con buen gusto y escrupulosamente limpia, por lo que resultaba un sitio agradable, no obstante ser una casa vieja. Todo allí era tratado con cuidado y cariño. El menor detalle delataba el fino espíritu de Julia, quien gustaba de la música y los buenos libros: la poesía de Shelley y la de Keats, los Sonetos del Portugués y las novelas de las hermanas Bronte. Ella misma se preparaba los alimentos y limpiaba la casa con verdadero agrado. Siempre se la veía pulcra; vestida con sencillez y propiedad. Debió de haber sido bella; aún conservaba una tez fresca y aquella tranquila y dulce mirada que le daba un aspecto de infinita bondad. Desde hacía algún tiempo estaba comprometida con el señor de Luna, contador de la empresa, quien la acompañaba todas las tardes desde la oficina hasta su casa. Algunas veces se quedaba a tomar un café y a oír música, mientras la señorita Julia tejía algún suéter para sus sobrinos. Cuando había un buen concierto asistían juntos; todos los domingos iban a misa y, a la salida, a tomar helados o pasear por el bosque. Después Julia comía con sus hermanas y sobrinos; por la tarde jugaban canasta uruguaya y tomaban el té. Al oscurecer Julia volvía a su casa muy satisfecha. Revisaba su ropa y se prendía los rizos.

Hacía más de un mes que Julia no dormía. Una noche la había despertado un ruido extraño como de pequeñas patadas y carreras ligeras. Encendió la luz y buscó por toda la casa, sin encontrar nada. Trató de volver a dormirse y no pudo conseguirlo. A la noche siguiente sucedió lo mismo, y así, día tras día... Apenas comenzaba a dormirse cuando el ruido la despertaba. La pobre

Julia no podía más. Diariamente revisaba la casa de arriba a abajo sin encontrar ningún rastro. Como la duela de los pisos era bastante vieja, Julia pensó que a lo mejor estaba llena de ratas, y eran éstas las que la despertaban noche a noche. Contrató entonces a un hombre para que tapara todos los orificios de la casa, no sin antes introducir en los agujeros un raticida. Tuvo que pagar por este trabajo 60 pesos, lo cual le pareció bastante caro. Esa noche se acostó satisfecha pensando que había ya puesto fin a aquella tortura. Le molestaba mucho, sin embargo, haber tenido que hacer aquel gasto, pero se repitió muchas veces que no era posible seguir en vela ni un día más. Estaba durmiendo plácidamente cuando el tan conocido ruido la despertó. Fácil es imaginar la desilusión de la señorita Julia. Como de costumbre revisó la casa sin resultado. Desesperada se dejó caer en un viejo sillón de descanso y rompió a llorar. Allí vio amanecer...

Como a las once de la mañana Julia no podía de sueño; sentía que los ojos se le cerraban y el cuerpo se le aflojaba pesadamente. Fue al baño a echarse agua en la cara. Entonces oyó que dos de las muchachas hablaban en el pasillo, junto a la escalera.
—¿Te fijaste en la cara que tiene hoy?
—Sí, desastrosa.
—No sé cómo puede presentarse a trabajar así, hasta un niño sospecharía...
—¿Entonces tú también crees...?

—¡Pero si es evidente...!
—Nunca me imaginé que la señorita Julia...
—Lo que a mí me da coraje es que se haga pasar por una santa.
—A mí me da mucho dolor verla, la pobre ya no puede ni con su alma.
—¡Claro!, a su edad...

Julia sintió que toda la sangre se le subía a la cabeza. Le comenzaron a temblar las manos y las piernas se le aflojaron. Le resultaba difícil entender aquella infamia. Un velo tibio le nubló la vista y las lágrimas rodaron por las mejillas encendidas.

La señorita Julia compró trampas para ratas, queso y veneno. Y no permitió que Carlos de Luna la acompañara, porque le apenaba sobremanera que llegara a saber que su casa se encontraba llena de ratas. El señor de Luna podía pensar que no había la suficiente limpieza, que ella era desaseada y vivía entre alimañas. Colocó una ratonera en cada una de las habitaciones, con una ración de queso envenenado, pues pensaba que si las ratas lograban salvarse de la ratonera morirían envenenadas con el queso. Y para lograr mejores resultados y eliminar cualquier riesgo, puso un pequeño recipiente con agua, envenenada también, por si las ratas se libraban de la trampa y no gustaban del queso, pues imaginó que sentirían sed, después de su desenfrenado juego. Toda la noche escuchó ruidos, carreras, saltos, resbalones... ¡Aquellas ratas se divertían de lo lindo, pero sería su última fiesta! Este pensamiento le comunicaba algunas fuerzas y le abría la puerta de la liberación. Cuando el ruido terminó, ya en la madrugada, Julia se levantó llena de ansiedad a ver cuántas ratas habían caído en las ratoneras. No encontró una sola. Las ratoneras estaban vacías, el queso intacto. Su única esperanza era que, por lo menos, hubieran bebido el agua envenenada.

La pobre Julia empezó a probar diariamente un nuevo veneno. Y tenía que comprarlos en sitios diferentes y donde no la conocieran, pues en los lugares adonde había ido varias veces comenzaban a verla con miradas maliciosas, como sospechando algo terrible. Su situación era desesperada. Cada día sus fuerzas disminuían de manera notable. Había perdido su alegría habitual y la tranquilidad de que siempre había gozado; su aspecto comenzaba a ser deplorable y su estado nervioso, insostenible. Perdió por completo el apetito y el placer por la lectura y la música. Aunque lo intentaba, no podía interesarse en nada. Lo único que leía y estudiaba con desesperación era unos viejos libros de farmacopea que habían pertenecido a su padre. Pensaba que su única salvación consistiría en descubrir ella misma algún poderoso veneno que acabara con aquellos diabólicos animales, puesto que ningún otro producto de los ordinarios surtía efecto en ellos.

La señorita Julia se había quedado dormida. Alguien le tocó suavemente un hombro. Despertó al instante, sobresaltada.

—El jefe la llama, señorita Julia.

Julia se restregó los ojos, muy apenada, y se empolvó ligeramente tratando de borrar las huellas del sueño. Después se encaminó hacia la oficina del señor Lemus. Apenas si llamó a la puerta. Y se sentó en el borde de la silla, estirada, tensa. El señor Lemus comenzó diciendo que siempre había estado contento con el trabajo de Julia, eficiente y satisfactorio, pero que de algún tiempo a la fecha las cosas habían cambiado y él estaba muy preocupado por ella... Que lo había pensado bastante antes de decidirse a hablarle... Y le aseguraba que, por su parte, no había prestado atención a ciertos rumores... (esto último lo dijo bajando la vista). Julia había enrojecido por completo, se afianzó de la silla para no caer, su corazón golpeaba sordamente. No supo cómo salió de aquel privado ni si alcanzó a decir algo en su defensa. Cuando llegó a su escritorio sintió sobre ella las miradas de todos los de la oficina Afortunadamente el señor de Luna no estaba en ese momento. Julia no hubiera podido soportar semejante humillación.

Las hermanas se dieron cuenta bien pronto de que algo muy grave sucedía a Julia. Al principio aseguraba que no tenía nada, pero a medida que las cosas empeoraron y que Julia fue perdiendo la estabilidad tuvo que confesarles su tragedia. Trataron inútilmente de calmarla y le prometieron ayudarla en todo. Junto con sus maridos revisaron la casa varias veces sin encontrar nada, lo cual las dejó muy desconcertadas. Aumentaron entonces sus cuidados y atenciones hacia la pobre hermana. Poco después decidieron que Julia necesitaba un buen descanso y que debía solicitar cuanto antes un "permiso" en su trabajo. Julia también se daba cuenta de que estaba muy cansada y que le hacía falta reponerse, pero veía con gran tristeza que sus hermanas dudaban también del único y real motivo que la tenía sumida en aquel estado. Se sentía observada por ellas hasta en los detalles más insignificantes, y ni qué decir de la oficina, donde su conducta llevaba a los compañeros a pensar en motivos humillantes y vergonzosos. La incomprensión y la bajeza de que era capaz la mayoría de la gente, la había destrozado y deprimido por completo. Recordaba constantemente aquella conversación que había tenido el infortunio de escuchar, y la reconvención del señor Lemus... y entonces las lágrimas le rodaban por las mejillas y los sollozos subían a su garganta.

La señorita Julia estaba encariñada con su trabajo, no obstante la serie de humillaciones y calumnias que a últimas fechas había tenido que sufrir. Llevaba quince años en aquella oficina, y siempre había pensado trabajar allí hasta el último día que pudiera hacerlo, a menos que se le concediera la dicha de formar un hogar como a sus hermanas. Pensaba que era poco serio andar de un trabajo en otro, y que eso no podía sentar ningún buen precedente. Después de mucho cavilar resolvió que no le quedaba más remedio que solicitar un permiso, como deseaban sus hermanas, y tratar de restablecerse.

Las relaciones de Julia con el señor de Luna se habían ido enfriando poco a poco, y no porque ésta fuera la intención de ella. Cuando empezó a sufrir aquella situación desquiciante, se rehusó a verlo diariamente como hasta entonces lo hacía, por temor a que él sospechara algo. Experimentaba una enorme vergüenza de que descubriera su tragedia. De sólo imaginarlo sentía que las manos le sudaban y la angustia le provocaba náuseas. Después ya no era sólo ese temor, sino que Julia no tenía tiempo para otra cosa que no fuera preparar venenos. Había improvisado un pequeñísimo laboratorio utilizando algunas cosas que se había encontrado en un cajón, y que sin duda su padre guardaba como recuerdo de sus años de farmacéutico, pues unos años antes de morir vendió la farmacia y sólo se dedicaba a atender unos cuantos enfermos. En ese laboratorio Julia pasaba todos sus ratos libres y algunas horas de la noche mezclando sustancias extrañas que, la mayoría de las veces, producían emanaciones insoportables o gases que le irritaban los ojos y la garganta, ocasionándole accesos de tos y copioso lagrimeo... Así las cosas, Julia ya no tenía tiempo ni paz para sentarse a escuchar música con el señor de Luna. Se veían poco, si acaso una vez por semana y los domingos que iban a misa. Pero Julia sentía que aquel afecto era de tal solidez y firmeza que nada lo podía memoscabar. "Un sentimiento sereno y tranquilo, como una sonata de Bach; un entendimiento espiritual estrecho y profundo, lleno de pureza y alegría..." Así lo había Julia definido.

Y el señor de Luna pensaba igual que Julia respecto a la nobleza de sus relaciones, "tan raras y difíciles de encontrar, en un mundo enloquecido y lleno de perversión, en aquel desenfreno donde ya nadie tenía tiempo de pensar en su alma ni en su salvación, donde los hogares cristianos cada vez eran más escasos..." y daba gracias diariamente por aquella bella dádiva que se le había otorgado y que tal vez él no merecía. Pero Carlos de Luna era un hombre en extremo piadoso, hijo y hermano ejemplar, contador honorable y muy competente. Pertenecía con gran orgullo a la Orden de Caballeros de Colón de cuya mesa directiva formaba parte. Ya hacía algunos años que debería haberse casado, pero él, responsable en extremo, había querido esperar a tener la consistencia moral necesaria, así como cierta tranquilidad económica que le permitiera sostener un hogar con todo lo necesario y seguir ayudando a sus ancianos padres. Había conocido a Julia desde tiempo atrás, después tuvo la suerte de trabajar en la misma oficina, lo cual facilitó la iniciación de aquella amistad que poco a poco se fue transformando en hondo afecto. A últimas fechas, el señor de Luna se hallaba muy preocupado y confuso. Julia había cambiado notablemente, y él sospechaba que algo muy grave debía de ocurrirle. Se mostraba reservada, evitaba hablarle a solas. Empezó a sufrir en silencio aquel repentino y extraño cambio de Julia y a esperar que un día le abriera su corazón y se aclarara todo. Pero Julia cada día se alejaba más y el señor de Luna empezó a notar que en la oficina se comentaba también el cambio de Julia. Después llegaron hasta él frases maliciosas y mal intencionadas que tuvieron la virtud, primero de producirle honda indignación y, después, de prender la duda y la desconfianza en su corazón. En este estado fue a consultar su caso con el Reverendo Padre Cuevas, que desde hacía muchos años era su confesor y guía espiritual y quien resolvía los pocos problemas que el buen hombre tenía. El Reverendo Padre le aconsejó que esperara un tiempo prudente para ver si Julia volvía a ser la de antes o, de lo contrario, se alejara de ella definitivamente, ya que a lo mejor ésa era una prueba palpable que daba Dios de que esa unión no convenía y estaba encaminada al fracaso y al desencanto, y podía ser, tal vez, un grave peligro para la salvación de su alma.

La señorita Julia llegó una tarde, última que trabajaba en la oficina, a pedirle a Carlos de Luna que la acompañara hasta su casa porque quería comunicarle algo importante. Éste la recibió con marcada frialdad, de una manera casi hostil, como se puede ver algo que está produciendo daño o un peligro inmediato y temido. Julia, más cohibida que de costumbre por la actitud de Carlos, le relató en el camino que iba a dejar de trabajar por un tiempo porque necesitaba descanso. Carlos de Luna escuchaba sin hacer ningún comentario. Con sombrero y paraguas negros y su habitual traje oscuro tenía siempre un aire grave y taciturno, que ese día estaba más acentuado.

Julia lo invitó a pasar. Mientras hacía el café experimentaba un gran bienestar. La sola presencia del señor de Luna le producía confianza y tranquilidad. Se reprochó entonces haberlo visto tan poco durante ese último tiempo. Se reprochó también no haber tenido el valor de confiarle su tragedia. Él la hubiera confortado y juntos habrían encontrado alguna solución. Decidió entonces hablar con Carlos.

Los dos bebían el café, en silencio. De pronto Julia dijo:

—Carlos... yo quisiera decirle...
—Diga, Julia.
—¿No quisiera oír algo de música?
—Como usted guste.

Julia se levantó a poner unos discos, profundamente contrariada consigo misma. No se había atrevido, no se atrevería nunca. Las palabras se habían negado a salir. Tal vez aquella actitud demasiado seca de Carlos la había contenido. Aquella mirada tan lejana cuando ella iba a empezar a contarle su tragedia. Cogió su tejido y se sentó. Entonces Carlos de Luna comenzó a hablar, más bien a balbucear:

—Julia, yo quisiera proponerle... más bien... yo he pensado... querida Julia... yo creo que lo mejor... es decir, tomando en cuenta... Julia, por nuestro bien y salud espiritual... lo más conveniente es dar por terminado... bueno, quiero decir no llevar adelante nuestro proyecto de matrimonio...

Mientras el señor de Luna trataba de decir esto, se secó la frente con el pañuelo varias veces. Estaba tan pálido como un muerto y la voz se le quebraba constantemente. Después, un poco más calmado, siguió hablando "de la tremenda responsabilidad que el matrimonio implicaba, de los numerosos deberes y las obligaciones de los cónyuges..."

Julia estaba aún más pálida que él. El tejido había caído de sus manos y la boca se le secó completamente. El dolor y el desencanto la habían traspasado de tal manera que temía no poder decir ni una sola palabra. Haciendo un verdadero esfuerzo le aseguró que estaba de acuerdo con él, y que esa decisión, sin duda, era lo mejor para ambos.

La señorita Julia se sentía como una casa deshabitada y en ruinas; no encontraba sitio ni apoyo; se había quedado en el vacío; girando a ciegas en lo oscuro; quería dejarse ir, perderse en el sueño; olvidarlo todo. Dejó entonces de preparar venenos y de inventar trampas para las ratas. Tenía la convicción de que aquellos animales la perseguirían hasta el último día de su vida, y toda lucha contra ellos resultaría inútil. No fue más los domingos a comer con sus hermanas por no poder soportar el ruido que hacían los niños y menos aún jugar a las cartas. Tejía constantemente con manos temblorosas; de cuando en cuando se enjugaba una lágrima. Y sólo interrumpía su labor para asear un poco la casa y prepararse algo de comida. A veces se quedaba, algún rato, dormida en el sillón, y esto era todo su descanso. Su hermana Mela iba todas las noches a acompañarla. Temían que algo le pasara, si la dejaban sola; tal era su estado. Y Mela, cansada de las labores de su casa, caía rendida y se dormía profundamente. A veces la despertaban los pasos de Julia que iba y venía por toda la casa buscando las ratas, "aquellas ratas infernales que no la dejaban dormir..."

Julia tenía los ojos cerrados, pero estaba despierta y escuchaba los ruidos en la estancia... en la escalera... aquellas carreras... saltos... resbalones... después allí en su cuarto... llegando hasta su cama... debajo de la cama. Abrió los ojos y se incorporó; algo de claridad penetraba por las viejas persianas de madera. Escuchó como una estampida, una huida rápida, distinguió unas sombras alargadas y alcanzó a ver unos ojillos muy redondos, muy rojos y brillantes. Encendió la luz y saltó de la cama; *ahora sí las encuentro...* Después de algún rato de inútil búsqueda volvió a la cama tiritando de frío. Lloró sordamente. Se mesaba los cabellos con desesperación o se clavaba las uñas en las palmas de las manos produciéndose un daño que ya no sentía.

Aquella mañana la señorita Julia se levantó haciendo un gran esfuerzo. Dio algunos pasos tambaleante y se detuvo unos minutos frente al espejo para componerse el cabello. El rostro que vio reflejado no podía ser más desastroso. Abrió el *closet* para bucar algo que ponerse y... ¡allí estaban!... Julia se precipitó sobre ellas y las aprisionó furiosamente. ¡Por fin las había descubierto!... ¡las malditas, las malditas, eran ellas!... con sus ojillos rojos y brillantes... eran ellas las que no la dejaban dormir y la estaban matando poco a poco... pero las había descubierto y ahora estaban a su merced... no volverían a correr por las noches ni a hacer ruido... estaba salvada... volvería a dormir... volvería a ser feliz... allí las tenía fuertemente cogidas... se las enseñaría a todo el mundo... a los de la oficina... a Carlos de Luna... a sus hermanas... todos se arrepentirían de haber pensado mal... se disculparían... olvidaría todo... ¡malditas, malditas!... ¡qué daño tan grande le habían hecho!... pero allí estaban... en sus manos... reía a carcajadas... las apretaba más... caminaba de un lado a otro del cuarto... estaba tan feliz de haberlas descubierto... ya había perdido toda esperanza... reía estrepitosamente... ahora estaban en su poder... ya no le harían daño nunca más... hablaba y reía... lloraba de gusto y de emoción... gritaba... gritaba... ¡qué suerte haberlas descubierto, qué suerte!... risa y llanto, gritos, carcajadas... con aquellos ojillos rojos y brillantes... gritaba... gritaba... gritaba...

Cuando Mela llegó, restregándose los ojos y bostezando, encontró a Julia apretando furiosamente su hermosa estola de martas cebellinas.

TIEMPO DESTROZADO

Primero fue un inmenso dolor. Un irse desgajando en el silencio. Desarticulándose en el viento oscuro. Sacar de pronto las raíces y quedarse sin apoyo, sordamente cayendo. Despeñándose de una cima muy alta. Un recuerdo, una visión, un rostro, el rostro del silencio, del agua... Las palabras finalmente como algo que se toca y se palpa, las palabras como materia ineludible. Y todo acompañado de una música oscura y pegajosa. Una música que no se sabe de dónde sale, pero que se escucha. Vino después el azoro de la rama aérea sobre la tierra. El estupor del ave en el primer día de vuelo. Todo fue ligero entonces y gaseoso. La sustancia fue el humo, o el sueño, la niebla que se vuelve irrealidad. Todo era instante. El solo querer unía distancias. Se podía tocar el techo con las manos, o traspasarlo, o quedarse flotando a medio cuarto. Subir y bajar como movido por un resorte invisible. Y todo más allá del sonido; donde los pasos no escuchan sus huellas. Se podía llegar a través de los muros. Se podía reír o llorar, gritar desesperadamente y ni siquiera uno mismo se oía. Nada tenía valor sino el recuerdo. El instante sin fin estaba desierto, sin espectadores que aplaudieran, sin gritos. Nada ni nadie para responder. Los espejos permanecían mudos. No reflejaban luz, sombra ni fuego...

Entramos en la Huerta Vieja, mi padre, mi madre y yo. La puerta estaba abierta cuando llegamos y no había ni perros ni hortelano. Íbamos muy contentos cogidos de las manos, yo en medio de los dos. Mi padre silbaba alegremente. Mamá llevaba una cesta para comprar fruta. Había muchas flores y olor a fruta madura. Llegamos hasta el centro de la huerta, allí donde estaba el estanque con pececitos de colores. Me solté de las manos de mis padres y corrí hasta la orilla del estanque. En el fondo había manzanas rojas y redondas y los peces pasaban nadando sobre ellas, sin tocarlas... quería verlas bien... me acerqué más al borde... más...

—No, hija, que te puedes caer —gritó mi padre. Me volví a mirarlos. Mamá había tirado la cesta y se llevaba las manos a la cara, gritando.

—Yo quiero una manzana, papá.

—Las manzanas son un enigma, niña.

—Yo quiero una manzana, una manzana grande y roja, como ésas...

—No, niña, espera... yo te buscaré otra manzana. Brinqué adentro del estanque. Cuando llegué al fondo sólo había manzanas y peces tirados en el piso; el agua había saltado fuera del estanque y, llevada por el viento, en remolino furioso, envolvió a papá y a mamá. Yo no podía verlos, giraban rodeados de agua, de agua que los arrastraba y los ocultaba a mi vista, alejándolos cada vez más... sentí un terrible ardor en la garganta... papá, mamá... papá, mamá... yo tenía la culpa... mi papá, mi mamá... Salí fuera del estanque. Ya no estaban allí. Habían desaparecido con el viento y con el agua... comencé a llorar desesperada... se habían ido... tenía miedo y frío... los había perdido, los había perdido y yo tenía la culpa... estaba oscureciendo... tenía miedo y frío... mi papá, mi mamá... miré hacia abajo; el fondo del estanque era un gran charco de sangre...

Un árabe vendía telas finas en un cuarto grande lleno de casilleros.

—Quiero una tela muy linda para hacerme un traje, necesito estar elegante y bien vestida esa noche —le dije.

—Yo tengo las telas más hermosas del mundo, señora... mire este soberbio brocado de Damasco, ¿no le gusta?

—Sí, pero yo quiero una cosa más ligera, los brocados no son propios para esta estación.

—Entonces tengo ésta. Fíjese qué dibujos... caballos, flores, mariposas... y se salen de la tela... mírelos cómo se van... se van... se van... después regresan... los caballos vuelven sólo en recuerdo, las mariposas muertas, las flores disecadas... todo se acaba y descompone, querida señora...

—¡No siga, por Dios! Yo no quiero cosas

muertas, quiero lo que perdura, no lo efímero ni lo transitorio, esa tela es horrible, me hace daño, llévesela, llévesela...

—¿Y qué me dice de esta otra?

—Bella... muy bella en verdad... es como un oleaje suave y...

—No señora, está usted completamente equivocada, no es un oleaje suave, esta tela representa el caos, el desconcierto total, lo informe, lo inenarrable... pero le quedará sin duda un bello traje...

—Aparte de mí esa tela desquiciante, no quiero verla más... yo quiero una tela linda, ya se lo dije. El árabe me miraba con sus negros ojos, hundidos y brillantes. Entonces descubrí una tela sobre una mesa.

—Déjeme ver ésta, creo que me gusta...

—Muy bonita, ¿verdad?

—Sí, me gusta bastante.

—Pero no puedo vendérsela.

—¿Por qué no?

—Hace años la dejó apartada una señora y no sé cuándo vendrá por ella.

—Tal vez ya se olvidó de la tela. ¿Por qué no me la vende?

—Si se olvidó no tiene importancia, la tela se quedará aquí siempre, siempre, siempre; pero por ventura, querida señora, ¿sabe usted lo que esta palabra significa?... Bueno, ¿qué le parece ésta que tengo aquí?

—Muy linda, la quiero.

—Debo advertirle que con esta tela no le sal-

drá nada, si acaso un adorno para otro vestido...
¡Ah! pero tengo ésta que es un primor, mire qué seda más fina y qué color tan tierno y delicado, es como un pétalo...

—Tiene razón, es perfecta para el traje que quiero, exactamente como yo la había pensado.

—Se verá usted con ella como una rosa animada. Es mi mejor tela, ¿se la llevará sin duda?

—Por supuesto, córteme tres metros.

—Pero... ¿qué es lo que estoy oyendo? ¿cortar esta tela? ¿hacerla pedazos? ¡qué crimen más horrendo! No puede ser, no... su sangre corriendo a ríos, llenando mi tienda, manchándolo todo, todo, subiendo hasta mi garganta, ahogándome, no, no, ¡qué crimen asesinar esta tela! asesinarla fríamente, sólo porque es bella, porque es tierna e indefensa, ¡qué infamia, qué maldad, qué ser más despreciable es usted, deleznable y vil, y todo por un capricho! ¡Ah qué crueldad, qué crueldad...! pero le costará bien cara su maldad, la pagará con creces, y no podrá ni arrepentirse porque no le darán tiempo; mire, mire hacia todos lados, en los casilleros, en las mesas, sólo hay telas vacías, huecas, abandonadas; todos se han salido, todos vienen hacia acá, hacia usted, y se van cercando, cada vez más, más, más estrecho, más cerca, hasta que usted ya no pueda moverse ni respirar, así, así, así...

Sangre, ¡qué feo el olor de la sangre! tibia, pegajosa, la cogí y me horroricé, me dio mucho asco y me limpié las manos en el vestido. Lloraba sin consuelo y los mocos me escurrían; quería esconderme debajo de la cama, a oscuras, donde nadie me encontrara... "Lucinda, niña, déjame quitarte ese vestido y lavarte las manos y la cara; estás llena de sangre, criatura." Mi mamá me limpiaba la nariz con su pañuelo... mamá, mamá ¿por qué mataron al borrego? le salía mucha sangre caliente, yo la cogí mamá, allí en el patio... Me lavaron y pusieron otro vestido y Quintila me llevó a la feria; mi papá me dio muchos veintes, subí a los caballitos, en el blanco, fueron muchas vueltas, muchas, y me dio basca... Quintilla me compró algodón rosa y nieve de vainilla, el algodón se me hizo una bola en la garganta y vomité otra vez, y otra, tenía la boca llena de pelos, de pelos tiesos de sangre, nieve con pelos, algodón con sangre ...Quintila me metía el algodón en la boca... "abre la boca hija, da unos traguitos, anda, sé buena, bebe, te hará bien." Yo no quiero ese caldo espeso, voy a vomitar, no me den ese horrible caldo, es la sangre del borrego, está tibia, espesa; mi brazo, papá, me duele mucho, un negro muy grande y gordo se ha sentado sobre mi brazo y no me deja moverlo, mi brazo, papá, dile que se vaya, me duele mucho, voy a vomitar otra vez el caldo, qué espeso y qué amargo...

Entré en una librería moderna, llena de cristales y de plantas. Los estantes llenos de libros llegaban hasta el techo. La gente salía cargada de libros y se iban muy contentos, sin pagar. El hombre que estaba en la caja suspiraba tristemente, cada vez que alguien salía, y escribía algo en un gran libro, abierto sobre el mostrador. Empecé entonces a escoger libros rápidamente, antes de que se acabaran. Me llevaría muchos, igual que los demás. Ya había logrado reunir un gran altero, pero cuando quise cargar con ellos, me di cuenta que no podía con tantos. Los brazos me dolían terriblemente con tanto peso y los libros se me caían sin remedio; parecía que se iban escurriendo de entre mis brazos. Decidí descartar unos, pero tampoco podía con los restantes; los brazos seguían doliendo de manera insoportable y los libros pesaban cada vez más; dejé otros, otro, otro más, hasta quedar con un libro, pero ni con uno solo podía... entonces me di cuenta de que ya no había gente allí, ni siquiera el hombre de la caja. Toda la gente se había ido y ya no quedaban libros, se los habían llevado todos. Sentí mucho miedo y fui hacia la puerta de salida. Ya no estaba. Comencé a correr de un lado a otro buscando una puerta. No había puertas. Ni una sola. Sólo muros con libreros vacíos, como ataúdes verticales. Comencé a gritar y a golpear con los puños a fin de que me oyeran y me sacaran de allí, de aquel salón sin puertas, de aquella tumba; yo gritaba, gritaba desesperada... sentí entonces una presencia, oscura, informe; yo no la veía pero la sentía totalmente, estaba atrapada, sin salida, empecé a retroceder paso a paso, lentamente para no caerme, también avanzaba, lo sabía, lo sentía con todo mi ser, ya no pude dar un paso más, había topado con un librero, sudaba copiosamente, los gritos subían hasta mi garganta y allí se ahogaban en un ronquido inarticulado; ya estaba muy cerca, cada vez más cerca, y yo allí, sin poder hacer nada, ni moverme, ni gritar, de pronto...

Estaba en los andenes de una estación del ferrocarril, esperando un tren. No tenía equipaje. Llevaba en las manos una pecera con un diminuto pececito azul. El tren llegó y yo lo abordé rápidamente, temía que se fuera sin mí. Estaba lleno de gente. Recorrí varios carros tratando de encontrar un asiento. Tenía miedo de romper la pecera. Encontré lugar al lado de un hombre gordo que fumaba un puro y echaba grandes bocanadas de humo por boca, nariz y ojos. Comencé a marearme y a no ver y oler más que humo, humo espeso que se me filtraba por todos lados con un olor insoportable. Empezó a contraérseme el estómago y corrí hasta el tocador. Estaba cerrado con candado. Desesperada quise abrir una ventanilla. Las habían remachado. No pude soportar más tiempo. Vomité dentro de la pecera una basca negra y espesa. Ya no podía verse el pececito azul; presentí que había muerto. Cubrí entonces la pecera con mi pañuelo floreado. Y comencé a buscar otro sitio. En el último carro encontré uno frente a una mujer que vestía elegantemente. La mujer miraba por la ventanilla; de pronto se dio cuenta de mi presencia y se me quedó mirando fijamente. Era yo misma, elegante y vieja. Saqué un espejo de mi bolsa para comprobar mejor mi rostro. No pude verme. El espejo no reflejó mi imagen. Sentí frío y terror de no tener ya rostro. De no ser más yo, sino aquella marchita mujer llena de joyas y de pieles. Y yo no quería ser ella. Ella era ya vieja y se iba a morir mañana, tal vez hoy mismo. Quise levantarme y huir, bajarme de aquel tren, librarme de ella. La mujer vieja me miraba fijamente y yo supe que no me dejaría huir. Entonces una mujer gorda, cargando a un niño pequeño, vino a sentarse al lado mío. La miré buscando ayuda. También era yo aquella otra. Ya no podría salir, ni escapar, me habían cercado. El niño comenzó a llorar con gran desconsuelo, como si algo le doliera. La madre, yo misma, le tapaba la boca con un pañuelo morado y casi lo ahogaba. Sentí profundo dolor por el niño, ¡mi pobre niño!, y di un grito, uno solo. El pañuelo con que me tapaban la boca era enorme y me lo metían hasta la garganta, más adentro, más...

EL ESPEJO

Cuando mi madre me contó lo que le sucedía, se apoderó de mí una tremenda duda y una preocupación que iba en aumento, aun cuando yo trataba de no pensar en ello.

Veinte días antes, mi madre se había fracturado una pierna al perder pie en la escalera de nuestra casa. Fue un verdadero triunfo conseguir una habitación en el Hospital de Santa Rosa, el mejor de todos los sanatorios de la ciudad. Como yo tenía urgente necesidad de salir de viaje, precisaba acomodar a mamá en un buen sitio donde disfrutara de toda clase de atenciones y cuidados. Sin embargo, yo experimentaba remordimientos por dejarla sola en un hospital, agobiada por el yeso y los dolores de la fractura. Pero mi trabajo en *Tractors and Agricultural Machinery Co.* me exigía ese viaje. Como inspector de ventas debía controlar, de tiempo en tiempo, las diferentes zonas que abarcaban los agentes viajeros, pues generalmente sucedía que algunos de los vendedores no trabajaban exhaustivamente sus plazas, en tanto que otros competidores realizaban magníficas ventas. Mi trabajo me gustaba y la compañía se había mostrado siempre muy generosa conmigo, "valioso elemento", según el criterio de los jefes. Me habían otorgado un magnífico sueldo y me dispensaban muchas consideraciones. En estas circunstancias, yo no podía negarme cuando me necesitaban. La única solución que encontré fue dejar a mi madre en un buen sanatorio, al cuidado de una enfermera especial.

Durante las tres semanas que duró mi viaje el Hospital me tuvo al tanto, diariamente, de la salud de mi madre. Las noticias que recibía eran bastante favorables, con excepción de "un aumento en la temperatura que se presenta después de media noche, acompañado de una marcada alteración nerviosa."

El día de mi regreso me presenté en la oficina tan sólo para avisar de mi llegada y corrí al Hospital a ver a mamá. Cuando ella me vio lanzó un extraño grito, que no era una exclamación de sorpresa ni de alegría. Era el grito que puede dar quien se encuentra en el interior de una casa en llamas y mira aparecer a un salvador. Así lo sentí yo. Era la hora de la comida. Con gran sorpresa comprobé que mamá casi no probaba bocado, no obstante que tenía enfrente su platillo favorito: chuletas de cerdo ahumadas y puré de espinacas. Estaba pálida, demacrada, y sus manos inquietas y temblorosas delataban el estado de sus nervios. Yo no me explicaba qué le había sucedido. Siempre había sido una mujer serena, controlada, optimista.

Desde la muerte de mi padre, diez años atrás, vivíamos solos con la servidumbre en nuestra enorme casa. No obstante que adoraba a mi padre, logró sobreponerse a su ausencia. Desde entonces nos identificamos de tal modo que llegamos a ser como una sola persona y jueces severos uno del otro. Su vida era sencilla y sin preocupaciones económicas. Con la herencia de mi padre y mi trabajo podíamos vivir con holgura. Los sirvientes se ocupaban totalmente de la casa, y mi madre disponía de todo su tiempo, el cual distribuía en visitas, compras, el salón de belleza, bridge una o dos veces por semana, teatro, cine...

En tres semanas mi madre había sufrido un cambio notable. Era una desconocida. Comprobé entonces aquella alteración nerviosa de la que me habían informado. Cuando la enfermera salió con la bandeja de la comida, casi intacta, me dijo de pronto en voz muy baja, pero llena de angustia y desesperación: "Querido mío, necesito hablarte. Me pasa algo terrible, pero nadie más debe saberlo. Nadie más ha de darse cuenta. Ven mañana, te lo suplico. A la una de la tarde. Cuando la enfermera salga a comer podremos hablar."

La dejé, con la promesa de regresar al día siguiente. Muy preocupado por el aspecto de mi madre me fui a ver al médico que la atendía. —La señora sufre de un agotamiento nervioso, ocasionado por la impresión de la caída, el traumatismo inevitable de los accidentes —me dijo, sin darle mucha importancia. Yo le expliqué entonces que mi madre nunca se había dejado impresionar a tal punto por nada. —Hay que tomar en cuenta también la edad de su madre —dijo—. Frecuentemente se ven casos de mujeres serenas y controladas que, cuando llegan a cierta edad, se tornan excitables y sufren manifestaciones histéricas...— Salí del consultorio descontento y nervioso. Las opiniones del doctor no habían logrado convencerme. Aquella noche no dormí, ni pude ir a la oficina al día siguiente.

Antes de la una estuve en el hospital. Mamá tenía los ojos enrojecidos e inflamados los párpados; supuse que había llorado. Cuando nos quedamos solos me dijo:

—He vivido los días más angustiosos que puedas imaginar. Y sólo a ti puedo confiar lo que me sucede. Tu serás el único juez que me salve o me condene. (Ser el uno juez del otro lo habíamos jurado al morir mi padre). —Creo que he perdido la razón —me dijo de pronto, con los ojos llenos de lágrimas—. Le tomé las manos con ternura. —Cuéntamelo todo, todo— le supliqué.

—Fue al día siguiente de tu partida, por la noche. Estaba preparándome para dormir, cuando entró en el cuarto Lulú, la enfermera nocturna, a darme una medicina que tomo a la medianoche. Recuerdo que me puso la píldora en la boca con una cucharilla y me ofreció un vaso con agua. Tragué la píldora y en ese momento, no sé por qué, miré hacia el espejo del ropero y... Mamá interrumpió bruscamente su relato y se cubrió la cara con las manos. Traté de calmarla acariciándole los cabellos. Cuando se descubrió la cara y pude ver sus ojos un estremecimiento recorrió mi cuerpo. Permanecimos un rato en silencio como dos extraños, uno frente al otro. No le pregunté lo que había pasado, ni lo que había visto o creído ver en el espejo. Real o imaginado, debía ser algo tremendo para lograr desquiciarla hasta ese grado. —Creo que grité y después perdí el sentido —continuó diciendo mamá—. A la mañana siguiente pensé que todo había sido un sueño. Pero por la noche, a la misma hora, volvió a suceder y lo mismo sucede noche a noche...

Después de esta plática con mi madre también yo comencé a vivir los días más angustiosos de mi existencia. Perdí el interés por mi trabajo; me sentía cansado y lento. Durante las horas que pasaba en la oficina me convertía en un autómata. "Creo que he perdido la razón..." El relato interrumpido, la angustia transformando su rostro, su desesperación, giraban de continuo en mi mente. "Cuando la enfermera Lulú me dio la pastilla miré hacia el espejo..." Traté de apartar de su mente el temor que yo mismo empezaba a sentir. Le prometí aclararlo todo y devolverle la tranquilidad y la confianza en sí misma. Dadas las condiciones en que se encontraba, los médicos decidieron que necesitaba mayor reposo, y sólo me permitieron visitarla miércoles y domingos.

Yo pasaba los días y la mayor parte de las noches tratando de encontrar alguna explicación a todo aquello, y la forma de remediarlo. Un día pensé que tal vez a mi madre le desagradaba la enfermera Lulú, en forma consciente o inconsciente, o le recordaba alguna vivencia de su infancia, provocando esto aquella extraña situación. Inmediatamente fui a ver a la jefa de enfermeras para suplicarle que cambiara a la enfermera de noche. Creí haber acertado. La señorita Eduwiges sustituyó a la enfermera Lulú, con gran satisfacción de mi parte. Esto sucedió un jueves y tuve que esperar hasta el domingo para saber el resultado del cambio.

El domingo desperté temprano y me vestí sin tardanza. Quería estar a las diez en punto de la mañana en el hospital. Desayuné de prisa, bastante nervioso. Por el camino compré unos claveles. A mamá le gustaban mucho las flores y le entusiasmaba que se las obsequiaran.

Se había hecho arreglar con todo cuidado para recibirme, pero ningún cosmético podía borrar las huellas del tormento interior que la estaba consumiendo.

—Y bien —le dije cuando nos quedamos solos— ¿te ha sido simpática la nueva enfermera?

—Sí. Es educada, atenta, pero...

—¿Pero qué...?

—Sigue sucediendo lo mismo. No es ella ni la otra. Nadie tiene la culpa, es el espejo, el espejo...

Esto fue todo lo que pude averiguar. Mamá no podía relatarme más. El solo recuerdo de "aquello" la desquiciaba totalmente. Nunca me había sentido más deprimido y desesperado que ese domingo, cuando salí del hospital.

Entonces decidí cambiar a mi madre a otro sanatorio, no obstante que resultaba difícil su traslado y se corría el riesgo de estropear el yeso. Pero no podía dejarla así, consumiéndose día a día. Tal vez en otro sitio se tranquilizara y olvidase aquella pesadilla. Su cuarto de hospital era bueno, de los mejores que había allí. Escrupulosamente limpio y con muebles cuidados y agradables. Y el espejo era tan sólo el espejo de un ropero. Bajo ningún aspecto resultaba deprimente aquel cuarto, lleno de luz y soleado, con una ventana al jardín. Sin embargo, a ella podía no gustarle y predisponer su ánimo para aquella situación. Durante días busqué, en los ratos que mi trabajo me dejaba libres, un buen lugar donde llevarla. En los sanatorios de primera no había sitio, y sí muchas solicitudes, que eran atendidas por riguroso turno. Y en los sanatorios donde encontraba lugar, los cuartos eran deprimentes y hasta sórdidos. No era posible llevar a mamá, en el estado en que se encontraba, a un sitio donde sólo se agravaría su trastorno.

Ese día llegué al hospital muy desilusionado. Temía entrar en el cuarto de mamá y darle la noticia de que no había encontrado dónde cambiarla. Ella estaba terriblemente pálida y decaída. Parecía la sombra, el recuerdo de una hermosa y sana mujer. Hablábamos los dos con dificultad, con grandes pausas, dando vueltas y rodeos, esquivando la verdad. Cuando por fin le dije que no era posible sacarla de allí, se llevó el pañuelo a la boca y sollozó, lenta y dolorosamente, como el que sabe que no hay salvación posible.

El viento penetraba por la ventana abierta y era también pesado y sombrío como aquella tarde de octubre. El fuerte olor de los tilos que llenaba el cuarto me asfixiaba. Ella seguía sollozando, ahora sordamente. Su dolor y su desesperanza me entorpecían y destrozaban. Haría todo por salvarla, por no abandonarla en aquel abismo. Sentía que la noche había caído sobre ella, cubriéndola, y ella se revolvía entre sombras, indefensa, sola...

Resolví entonces permanecer a su lado y rescatarla. Pedí que me pusieran una cama adicional y avisé que la acompañaría por las noches. A nadie le sorprendió mi decisión.

Aquella noche, primera que pasé en el hospital con mamá, cenamos carnero al horno y puré de papa, compota de manzana y café con leche y bizcochos. Mi madre se había recobrado mucho con mi sola presencia. Cenó con regular apetito. Después fumamos varios cigarrillos, tal como lo acostumbrábamos en casa, y charlamos tranquilamente.

Hacia las diez de la noche entró en el cuarto la señorita Eduwiges para arreglar la cama de mamá y revisar que la pierna fracturada estuviera en correcta posición para la noche. Yo las observé con gran atención, pero la actitud de ambas resultaba completamente normal. Miré hacia el espejo. Allí se reflejaba la imagen de la señorita Eduwiges, alta, muy delgada, casi huesuda. En su cara amable, enmarcada por sedoso cabello castaño, destacaban los gruesos lentes de miope. El espejo reflejó por algunos minutos aquella imagen, exacta, fiel...

Mi madre estaba en calma y sin tensión aparente. Seguimos platicando y haciendo proyectos: nuestra casa necesitaba, desde hacía tiempo, un buen arreglo. Desde la muerte de papá no le habíamos hecho nada. Yo sugería encomendar la reparación a un buen arquitecto, pero mamá opinaba que eso nos resultaría muy costoso y proponía que era mejor conseguir algunos operarios y nosotros mismos dirigir la obra según nuestro deseo...

Eran pasadas las once de la noche y yo empezaba a sentirme inquieto ante la proximidad de los acontecimientos. Comencé a desnudarme lentamente y con todo cuidado para evitar que algún movimiento brusco denunciara mi nerviosidad y mi madre se diera cuenta. Quería ante todo comunicarle calma. Doblé los pantalones, siguiendo el hilo de la raya, y los coloqué sobre el respaldo de la silla, junto con el saco y la camisa. Ya en pijama me tendí sobre la cama sin deshacerla aún. Desde allí dominaba, sin ninguna dificultad, la cama de mamá y el espejo.

Después de las once y media mamá comenzó a inquietarse. Movía las manos constantemente, las apretaba, se las llevaba hacia la cara. Su frente estaba húmeda. No pudo seguir conversando. Unos minutos antes de las doce de la noche llegó la señorita Eduwiges, trayendo una charolita con un vaso de agua y una pastilla en una cuchara.

Cuando ella entró me incorporé sobre las almohadas para observar mejor. Ella llegó hasta la cama de mamá y, a tiempo que le decía: "¿Cómo se siente la señora?", le acercaba a la boca la cuchara con la pastilla y hacía que la tomara. En ese momento mamá gritó. Miré el espejo, allí no se reflejaba la imagen de Eduwiges. El espejo estaba totalmente deshabitado y oscuro, ensombrecido de pronto. Sentí que algo se rebullía en mi interior, tal vez el estómago, y se contraía; después experimenté un gran vacío dentro de mí igual que en el espejo...

—¡Qué pasa señora, qué pasa!

Oí que decía la enfermera. Yo no podía apartar la vista del espejo. Ahora tenía la casi seguridad de que de aquel vacío, de aquella nada, iba a surgir algo, no se qué, pero algo que debía ser inaudito y terrible, algo cuya vista ni yo ni nadie podría soportar... me sentí temblar y un sudor frío corrió por mi frente, aquella angustia que empecé a sentir en el estómago iba creciendo, creciendo, en tal forma que sin poder ya más lancé un grito ahogado y me cubrí la cara con las manos... Oí que la enfermera salía corriendo. Haciendo un poderoso esfuerzo llegué hasta la cama de mamá. Ella temblaba de pies a cabeza. Estaba lívida y su mirada tenía una expresión de extravío. Parecía febril. Le apreté las manos con fuerza, y ella supo entonces que yo había compartido ya aquella terrible cosa. En ese momento volvió la enfermera Eduwiges acompañada por dos médicos.

—Siempre sucede lo mismo, noche tras noche, —dijeron dirigiéndose a mí —a la misma hora se presentan estos trastornos. Yo no les hice ningún comentario, sabía que no podría pronunciar ni una palabra.

—Póngale una inyección de Sevenal —le ordenaron a Eduwiges. Después salieron los tres.

La enfermera regresó rápidamente con la inyección. Mientras se la aplicaba a mi madre, me atreví a mirar el espejo... allí se reflejaba la imagen de ella, la cama de mamá, mi rostro desencajado. Eran entonces las doce y veinte minutos.

Durante cinco días sufrimos, noche a noche, mi madre y yo aquella tremenda cosa del espejo. Yo entendía entonces el cambio sufrido por mi madre, su desesperación, su hermetismo. No había palabras para describir aquella serie de sensaciones que uno iba sintiendo y padeciendo hasta la desesperación. Y cada vez el presentimiento de que algo iba a surgir de pronto, se hacía más cercano, inmediato casi. Y no podríamos soportarlo, lo sabíamos bien. Entonces pensé que la única solución consistiría en cubrir el espejo. Sería como levantar un muro impenetrable. Un muro que nos salvara de... Decidimos cubrir el espejo con una sábana. Cerca de las once de la noche llevé a cabo nuestro plan. Cuando la señorita Eduwiges se presentó, como de costumbre, un poco antes de las doce de la noche, con su pastilla y su vaso de agua, el espejo se encontraba cubierto. Mi madre y yo nos miramos satisfechos de haber acertado. Pero de pronto, bajo la sábana que cubría el espejo, empezaron a trasparentarse figuras informes, masas oscuras que se movían angustiosamente, pesadamente, como si trataran en un esfuerzo desesperado de traspasar un mundo o el tiempo mismo. Entonces sentimos una oscura música dentro de nosotros mismos, una música dolorosa, como gemidos o gritos, tal vez sonidos inarticulados salidos de aquel mundo que habíamos clausurado por nuestra voluntad y temor. Nos descubrimos traspasados por mil espadas de música dolorosa y desesperada...

A las doce y cinco todo terminó. Desaparecieron las sombras bajo la sábana y la música cesó. El espejo quedó en calma. La señorita Eduwiges salió del cuarto sorprendida de que mamá no hubiera tenido su acostumbrado ataque.

Cuando quedamos solos, me di cuenta de que los dos llorábamos en silencio. Aquellas sombras informes y encarceladas, aquella su lucha desesperada e inútil, nos habían hecho pedazos interiormente. Los dos conocimos entonces toda nuestra insensatez.

No volvimos a cubrir más el espejo. Habíamos sido elegidos y, como tales, aceptamos sin rebeldía ni violencia, pero sí con la desesperanza de lo irremediable.

MOISÉS Y GASPAR

EL TREN llegó cerca de las seis de la mañana de un día de noviembre húmedo y frío. Y casi no se veía a causa de la niebla. Llevaba yo el cuello del abrigo levantado y el sombrero metido hasta las orejas; sin embargo, la niebla me penetraba hasta los huesos. El departamento de Leónidas se encontraba en un barrio alejado del centro, en el sexto piso de un modesto edificio. Todo: escalera, pasillos, habitaciones, estaba invadido por la niebla. Mientras subía creí que iba llegando a la eternidad, a una eternidad de nieblas y silencio. ¡Leónidas, hermano, ante la puerta de tu departamento me sentí morir de dolor! El año anterior había venido a visitarte, en mis vacaciones de Navidad... "Cenaremos pavo, relleno de aceitunas y castañas, espumoso italiano y frutas secas", me dijiste, radiante de alegría, "¡Moisés, Gaspar, estamos de fiesta!" Fueron días de fiesta todos. Bebimos mucho, platicamos de nuestros padres, de los pasteles de manzana, de las veladas junto al fuego, de la pipa del viejo, de su mirada cabizbaja y ausente que no podríamos olvidar, de los suéteres que mamá nos tejía para los inviernos, de aquella tía materna que enterraba todo su dinero y se moría de hambre, del profesor de matemáticas con sus cuellos muy almidonados y sus corbatas de moño, de las muchachas de la botica que llevábamos al cine los domingos, de aquellas películas que nunca veíamos, de los pañuelos llenos de *lipstick* que teníamos que tirar en algún basurero... En mi dolor olvidé pedir a la portera que me abriera el departamento de Leónidas. Tuve que despertarla; subió medio dormida, arrastrando los pies. Allí estaban Moisés y Gaspar, pero al verme huyeron despavoridos. La mujer dijo que les había llevado de comer, dos veces al día; sin embargo, ellos me parecieron completamente trasijados.

—Fue horrible, señor Kraus, con estos ojos lo vi, aquí en esta silla, como recostado sobre la mesa. Moisés y Gaspar estaban echados a sus pies. Al principio creí que todos dormían, ¡tan quietos estaban!, pero ya era muy tarde y el señor Leónidas se levantaba temprano y salía a comprar la comida para Moisés y Gaspar. Él comía en el centro, pero a ellos los dejaba siempre comidos; de pronto me dí cuenta que...

Preparé un poco de café y esperé tranquilizarme lo suficiente para poder llegar hasta la agencia funeraria. ¡Leónidas, Leónidas, cómo era posible que tú, el vigoroso Leónidas estuvieras inmóvil en una fría gaveta del refrigerador...!

A las cuatro de la tarde fue el entierro. Llovía y el frío era intenso. Todo estaba gris, y sólo cortaban esa monotonía los paraguas y los sombreros negros; las gabardinas y los rostros se borraban entre la niebla y la lluvia. Asistieron bastantes personas al entierro, tal vez, los compañeros de trabajo de Leónidas y algunos amigos. Yo me movía en el más amargo de los sueños. Deseaba pasar de golpe a otro día, despertar sin aquel nudo en la garganta y aquel desgarramiento tan profundo que embotaba mi mente por completo. Un viejo sacerdote pronunció una oración y bendijo la sepultura. Después alguien, que no conocía, me ofreció un cigarrillo y me tomó del brazo con familiaridad, expresándome sus condolencias. Salimos del cementerio. Allí quedaba para siempre Leónidas.

Caminé solo, sin rumbo, bajo la lluvia persistente y monótona. Sin esperanza, mutilado del alma. Con Leónidas se había ido la única dicha, el único gran afecto que me ligaba a la tierra. Inseparables desde niños, la guerra nos alejó durante varios años. Encontrarnos, después de la lucha y la soledad, constituyó la mayor alegría de nuestra vida. Ya sólo quedábamos los dos; sin embargo, muy pronto nos dimos cuenta que debíamos vivir cada uno por su lado y así lo hicimos. Durante aquellos años habíamos adquirido costumbres propias, hábitos e independencia absoluta. Leónidas encontró un puesto de cajero en un banco; yo me empleé de contador en una compañía de seguros. Durante la semana, cada quien vivía dedicado a su trabajo o a su soledad; pero los domingos los pasábamos siempre juntos. ¡Éramos tan felices entonces! Puedo asegurar que los dos esperábamos la llegada de ese día.

Algún tiempo después transladaron a Leónidas a otra ciudad. Pudo renunciar y buscarse otro trabajo. Él, sin embargo, aceptaba siempre las cosas con ejemplar serenidad, "es inútil resistirse, podemos dar mil vueltas y llegar siempre al punto de partida..." "Hemos sido muy felices, algo tenía que surgir, la felicidad cobra tributo..." Ésta era la filosofía de Leónidas y la tomaba sin violencia ni rebeldía... "Hay cosas contra las que no se puede luchar, querido José..."

Leónidas partió. Durante algún tiempo fue demasiado duro soportar la ausencia; después comenzamos lentamente a organizar nuestra soledad. Una o dos veces por mes nos escribíamos. Pasaba mis vacaciones a su lado y él iba a verme en las suyas. Así transcurría nuestra vida...

Era de noche cuando volví al departamento de Leónidas. El frío era más intenso y la lluvia seguía. Llevaba yo bajo el brazo una botella de ron, comprada en una tienda que encontré abierta. El departamento estaba completamente oscuro y congelado. Entré tropezando con todo, encendí la luz y conecté la calefacción. Destapé la botella nerviosamente, con manos temblorosas y torpes. Allí, en la mesa, en el último sitio que ocupó Leónidas, me senté a beber, a desahogar mi pena. Por lo menos estaba solo y no tenía que detener o disimular mi dolor ante nadie; podía llorar, gritar y... De pronto sentí unos ojos detrás de mí, salté de la silla y me di vuelta; allí estaban Moisés y Gaspar. Me había olvidado por completo de su existencia, pero allí estaban mirándome fijamente, no sabría decir si con hostilidad o desconfianza, pero con mirada terrible. No supe qué decirles en aquel momento. Me sentía totalmente vacío y ausente, como fuera de mí, sin poder pensar en nada. Además, no sabía hasta qué punto entendían las cosas... Seguí bebiendo... Entonces me di cuenta de que los dos lloraban silenciosamente. Las lágrimas rodaban de sus ojos y caían al suelo, sin una mueca, sin un grito. Hacia la media noche hice café y les preparé un poco de comida. No probaron bocado, seguían llorando desoladamente...

Leónidas había arreglado todas sus cosas. Quizá quemó sus papeles, pues no encontré uno solo en el departamento. Según supe, vendió los muebles pretextando un viaje: los iban a recoger al día siguiente. La ropa y demás objetos personales estaban cuidadosamente empacados en dos baúles con etiquetas a nombre mío. Los ahorros y el dinero que le pagaron por los muebles los había depositado en el banco, también a mi nombre. Todo estaba en orden. Sólo me dejó encomendados su entierro y la tutela de Moisés y de Gaspar.

Cerca de las cuatro de la mañana partimos para la estación del ferrocarril: nuestro tren salía a las cinco y cuarto. Moisés y Gaspar tuvieron que viajar, con grandes muestras de disgusto, en el carro de equipajes, pues por ningún precio fueron admitidos en los de pasajeros. ¡Qué penoso viaje! Yo estaba acabado física y moralmente. Llevaba cuatro días y cuatro noches sin dormir ni descansar, desde que llegó el telegrama con la noticia de la muerte de Leónidas. Traté de dormir durante el viaje; sólo a ratos lo conseguí. En las estaciones en que el tren se detenía más tiempo, iba a informarme cómo estaban Moisés y Gaspar y si querían comer algo. Su vista me hacía daño. Parecían recriminarme por su situación... "Yo no tuve la culpa, ustedes lo saben bien" les repetía cada vez, pero ellos no podían o no querían entender. Me iba a resultar muy difícil vivir en su compañía, nunca me simpatizaron, me sentía incómodo en su presencia, como vigilado por ellos. ¡Qué desagradable fue encontrarlos en casa de Leónidas el verano anterior! Leónidas eludía mis preguntas acerca de ellos y me suplicaba en los mejores términos que los quisiera y soportara. "Son tan dignos de cariño estos infelices", me decía. Esa vez mis vacaciones fueron fatigosas y violentas, no obstante que el solo hecho de ver a Leónidas me llenaba de dicha. Él ya no fue más a verme, pues no podía dejar solos a Moisés y a Gaspar. Al año siguiente, la última vez que estuve con Leónidas, todo transcurrió con más normalidad. No me agradaban ni me agradarían nunca, pero no me causaban ya tanto malestar. Nunca supe cómo llegaron a vivir con Leónidas... Ahora estaban conmigo, por legado, por herencia de mi inolvidable Leónidas.

Después de las once de la noche llegamos a mi casa. El tren se había retrasado más de cuatro horas. Los tres estábamos realmente deshechos. Sólo pude ofrecer fruta y un poco de queso a Moisés y a Gaspar. Comieron sin entusiasmo, mirándome con recelo. Les tiré unas mantas en la estancia para que durmieran. Yo me encerré en mi cuarto y tomé un narcótico.

El día siguiente era domingo y eso me salvaba de ir a trabajar. Por otro lado no hubiera podido hacerlo. Tenía la intención de dormir hasta tarde; pero tan pronto como hubo luz, comencé a oír ruido. Eran ellos que ya se habían levantado y caminaban de un lado a otro del departamento. Llegaban hasta mi cuarto y se detenían pegándose a la puerta, como tratando de ver a través de la cerradura o, tal vez, sólo queriendo escuchar mi respiración para saber si aún dormía. Entonces recordé que Leónidas les daba el desayuno a las siete de la mañana. Tuve que levantarme y salir a buscarles comida.

¡Qué duros y difíciles fueron los días que siguieron a la llegada de Moisés y de Gaspar a mi casa! Yo acostumbraba levantarme un poco antes de las ocho, a prepararme un café y a salir para la oficina a las ocho y media, pues el autobús tardaba media hora en llegar y mi trabajo empezaba a las nueve. Con la llegada de Moisés y de Gaspar toda mi vida se desarregló. Tenía que levantarme a las seis para ir a comprar la leche y las demás provisiones; luego preparar el desayuno que tomaban a las siete en punto, según su costumbre. Si me demoraba, se enfurecían, lo cual me causaba miedo, por no saber hasta qué extremos podía llegar su cólera. Diariamente tenía que arreglar el departamento, pues desde que estaban ellos allí, todo se encontraba fuera de su lugar.

Pero lo que más me torturaba era su dolor desesperado. Aquel buscar a Leónidas y esperarlo acechando las puertas. A veces, cuando regresaba yo del trabajo, corrían a recibirme jubilosos; pero al descubrirme, ponían tal cara de desengaño y sufrimiento que yo rompía a llorar junto con ellos. Esto era lo único que compartíamos. Hubo días en que casi no se levantaban; se pasaban las horas tirados, sin ánimo ni interés por nada. Me hubiera gustado saber qué pensaban entonces. En realidad nada les expliqué cuando fui a recogerlos. No sé si Leónidas les había dicho algo, o si ellos lo sabían...

Hacía cerca de un mes que Moisés y Gaspar vivían conmigo cuando advertí el grave problema que iban a constituir en mi vida. Tenía, desde varios años atrás, una relación amorosa con la cajera de un restaurante donde acostumbraba comer. Nuestra amistad empezó de una manera sencilla, pues yo no era del tipo de hombre que corteja a una mujer. Yo necesitaba simplemente una mujer y Susy solucionó ese problema. Al principio sólo nos veíamos de tiempo en tiempo. A veces pasaba un mes o dos, en que únicamente nos saludábamos en el restaurante, con una inclinación de cabeza, como simples conocidos. Yo vivía tranquilo por algún tiempo, sin pensar en ella, pero de pronto reaparecían en mí viejos y conocidos síntomas de nerviosidad, cóleras repentinas y melancolía. Entonces buscaba a Susy y todo volvía a su estado normal. Después, y casi por costumbre, las visitas de Susy ocurrían una vez por semana. Cuando iba a pagar la cuenta de la comida, le decía: "Esta noche, Susy." Si ella estaba libre, pues tenía otros compromisos, me contestaba, "Será esta noche" o bien, "Esta noche no, mañana si está usted de acuerdo." Los demás compromisos de Susy no me inquietaban; nada debía uno al otro ni nada nos pertenecía totalmente. Susy, entrada en años y en carnes, distaba mucho de ser una belleza; sin embargo, olía bien y usaba siempre ropa interior de seda con encajes, lo cual influía notablemente en mi ánimo. Jamás he recordado uno solo de sus vestidos, pero sí sus combinaciones ligeras. Nunca hablábamos al hacer el amor; parecía que los dos estábamos muy dentro de nosotros mismos. Al despedirse le daba algún dinero, "es usted muy generoso", decía satisfecha; pero, fuera de este acostumbrado obsequio, nunca me pedía nada. La muerte de Leónidas interrumpió nuestra rutinaria relación. Pasó más de un mes antes de que buscara a Susy. Había vivido todo ese tiempo entregado al dolor más desesperado, sólo compartido con Moisés y con Gaspar, tan extraños a mí como yo a ellos. Esa noche esperé a Susy en la esquina del restaurante, según costumbre, y subimos al departamento. Todo lo que sucedió fue tan rápido que me costó trabajo entenderlo. Cuando Susy iba a entrar al dormitorio descubrió a Moisés y a Gaspar que estaban arrinconados y temerosos detrás del sofá. Susy palideció de tal modo que creí que iba a desmayarse, después gritó como una loca y se precipitó escaleras abajo. Corrí tras ella y fue muy difícil calmarla. Después de aquel infortunado accidente, Susy no volvió más a mi departamento. Cuando quería verla, era preciso alquilar una habitación en cualquier hotel, lo cual desnivelaba mi presupuesto y me molestaba.

Este incidente con Susy fue sólo el principio de una serie de calamidades...

—Señor Kraus —me dijo un día el portero del edificio—, todos los inquilinos han venido a quejarse por el insoportable ruido que se origina en su departamento tan pronto como sale usted para la oficina. Le suplico ponga remedio, pues hay personas como la señorita X, el señor A, que trabajan de noche y necesitan dormir durante el día.

Aquello me desconcertó y no supe qué pensar. Agobiados como estaban Moisés y Gaspar, por la pérdida de su amo, vivían silenciosos. Por lo menos así estaban mientras yo permanecía en el departamento. Como los veía tan desmejorados y decaídos no les dije nada; me parecía cruel; además, yo no tenía pruebas contra ellos...

—Me apena volver con el mismo asunto, pero la cosa es ya insoportable —me dijo a los pocos días el portero—; tan pronto sale usted, comienzan a aventar al suelo los trastos de la cocina, tiran las sillas, mueven las camas y todos los muebles. Y los gritos, los gritos, señor Kraus, son espantosos; no podemos más, y esto dura todo el día hasta que usted regresa.

Decidí investigar. Pedí permiso en la oficina para salir un rato. Llegué al mediodía. El portero y todos tenían razón. El edificio parecía venirse abajo con el ruido tan insoportable que salía de mi departamento. Abrí la puerta, Moisés estaba parado sobre la estufa y desde allí bombardeaba con cacerolas a Gaspar, quien corría para librarse de los proyectiles gritando y riéndose como loco. Tan entusiasmados estaban en su juego que no se dieron cuenta de mi presencia. Las sillas estaban tiradas, las almohadas botadas sobre la mesa, en el piso... Cuando me vieron quedaron como paralizados.

—Es increíble lo que veo, —les grité encolerizado— He recibido las quejas de todos los vecinos y me negué a creerlos. Son ustedes unos ingratos. Pagan mal mi hospitalidad y no conservan ningún recuerdo de su amo. Su muerte es cosa pasada, tan lejana que ya no les duele, sólo el juego les importa. ¡Pequeños malvados, pequeños ingratos...!

Cuando terminé, me di cuenta de que estaban tirados en el suelo deshechos en llanto. Así los dejé y regresé a la oficina. Me sentí mal durante todo el día. Cuando volví por la tarde, la casa estaba en orden y ellos refugiados en el closet. Experimenté entonces terribles remordimientos, sentí que había sido demasiado cruel con aquellos pobres seres. Tal vez, pensaba, no saben que Leónidas jamás volverá, tal vez creen que sólo ha salido de viaje y que un día regresará y, a medida que su esperanza aumenta, su dolor disminuye. Yo he destruido su única alegría... Pero mis remordimientos terminaron pronto; al día siguiente supe que todo había sucedido de la misma manera: el ruido, los gritos...

Entonces me pidieron el departamento por orden judicial y empezó aquel ir de un lado a otro. Un mes aquí, otro allá, otro... Aquella noche yo me sentía terriblemente cansado y deprimido por la serie de calamidades que me agobiaban. Teníamos un pequeño departamento que se componía de una reducida estancia, la cocina, el baño y una recámara. Decidí acostarme. Cuando entré en el cuarto, vi que ellos estaban dormidos en mi cama. Entonces recordé... La última vez que visité a Leónidas, la misma noche de mi llegada, me di cuenta que mi hermano estaba improvisando dos camas en la estancia... "Moisés y Gaspar duermen en la recámara, tendremos que acomodarnos aquí", me dijo Leónidas bastante cohibido. Yo no entendí entonces cómo era posible que Leónidas hiciera la voluntad de aquellos miserables. Ahora lo sabía... Desde ese día ocuparon mi casa y yo no pude hacer nada para evitarlo.

Nunca tuve intimidad con los vecinos por parecerme muy fatigoso. Prefería mi soledad, mi independencia; sin embargo, nos saludábamos al encontrarnos en la escalera, en los pasillos, en la calle... Con la llegada de Moisés y de Gaspar las cosas cambiaron. En todos los departamentos que en tan corto tiempo recorrimos, los vecinos me cobraron un odio feroz. Llegó un momento en que tenía yo miedo de entrar en el edificio o salir de mi departamento. Cuando regresaba tarde por la noche, después de haber estado con Susy, temía ser agredido. Oía las puertas que se abrían cuando pasaba, o pisadas detrás de mí, furtivas, silenciosas, alguna respiración... Cuando por fin entraba en mi departamento lo hacía bañado en sudor frío y temblando de pies a cabeza.

Al poco tiempo tuve que abandonar mi empleo, temía que si los dejaba solos podían matarlos. ¡Había tanto odio en los ojos de todos! Resultaba fácil forzar la puerta del departamento o, tal vez, el mismo portero les podría abrir; él también los odiaba. Dejé el trabajo y sólo me quedaron, como fuente de ingresos, los libros que acostumbraba llevar en casa, pequeñas cuentas que me dejaban una cantidad mínima, con la cual no podía vivir. Salía muy temprano, casi oscuro, a comprar los alimentos que yo mismo preparaba. No volvía a la calle sino cuando iba a entregar o a recoger algún libro, y esto, de prisa, casi corriendo, para no tardar. No volví a ver a Susy por falta de dinero y de tiempo. Yo no podía dejarlos solos ni de día ni de noche y ella jamás accedería a volver al departamento. Comencé a gastar poco a poco mis ahorros; después, el dinero que Leónidas me legó. Lo que ganaba era una miseria, no alcanzaba ni para comer, menos aún para mudarse constantemente de un lado a otro. Entonces tomé la decisión de partir.

Con el dinero que aún me quedaba compré una pequeña y vieja finca que encontré fuera de la ciudad y unos cuantos e indispensables muebles. Era una casa aislada y semiderruida. Allí viviríamos los tres, lejos de todos, pero a salvo de las acechanzas, estrechamente unidos por un lazo invisible, por un odio descarnado y frío y por un designio indescifrable.

Todo está listo para la partida, todo, o más bien lo poco que hay que llevar. Moisés y Gaspar esperan también el momento de la marcha. Lo sé por su nerviosidad. Creo que están satisfechos. Les brillan los ojos. ¡Si pudiera saber lo que piensan...! Pero no, me asusta la posibilidad de hundirme en el sombrío misterio de su ser. Se me acercan silenciosamente, como tratando de olfatear mi estado de ánimo o, tal vez, queriendo conocer mi pensamiento. Pero yo sé que ellos lo sienten, deben sentirlo por el júbilo que muestran, por el aire de triunfo que los invade cuando yo anhelo su destrucción. Y ellos saben que no puedo, que nunca podré llevar a cabo mi más ardiente deseo. Por eso gozan... ¡Cuántas veces los habría matado si hubiera estado en libertad de hacerlo! ¡Leónidas, Leónidas, ni siquiera puedo juzgar tu decisión! Me querías, sin duda, como yo te quise, pero con tu muerte y tu legado has deshecho mi vida. No quiero pensar ni creer que me condenaste fríamente o que decidiste mi ruina. No, sé que es algo más fuerte que nosotros. No te culpo, Leónidas: si lo hiciste fue porque así tenía que ser... "Podríamos haber dado mil vueltas y llegar siempre al punto de partida..."

ÍNDICE GENERAL

Fragmento de un diario	9
El huésped	17
Un boleto para cualquier parte	25
La quinta de las celosías	33
La celda	50
Final de una lucha	59
Alta cocina	66
Muerte en el bosque	69
La señorita Julia	77
Tiempo destrozado	92
El espejo	101
Moisés y Gaspar	113

Tiempo destrozado de Amparo Dávila, Volumen 46 de la colección Letras Mexicanas, se acabó de imprimir el día 31 de marzo de 1959, en los talleres de Gráfica Panamericana, S. de R. L., Parroquia 911, México 12, D. F. Se tiraron 2,000 ejemplares y en su composición se utilizaron tipos Aster de 10:11 puntos. La edición estuvo al cuidado de su autora.